Démarches quotidiennes

C. Bultez – D. Bultez

NATHAN

SOMMAIRE

© Éditions Nathan, Paris 1993 - ISBN 2.09.177122 - 8
© Éditions Nathan, Paris 1998 - ISBN - 2.09.182456.9 pour la présente édition

MODE D'EMPLOI

Divisé en six parties, l'ouvrage s'organise par doubles pages.
Chaque double page fait le point sur un thème.

à gauche

Une page synthèse apporte toutes les informations pour comprendre le sujet de la double page.

à droite

Une page explication fait le point, précise et illustre.

Un repérage par thème

Le titre de la double page

Quelques lignes d'introduction

Des informations complémentaires, des encadrés, des illustrations.

FAMILLE
TRAVAIL
ADMINISTRATION
LOGEMENT
TRANSPORT
VIE PRATIQUE

Le permis de construire

Le permis de construire est une autorisation administrative obligatoire pour toute construction supérieure à 20 m² en surface brute. Il est délivré sous réserve du droit des tiers. Les démarches doivent être faites en temps utile. La demande de permis de construire doit être faite à la mairie de la commune où se situe le terrain.

Comment procéder pour avoir le droit de construire ?
Le demandeur doit remplir le formulaire « Demande de permis de construire ». Il le dépose à la mairie du lieu de construction, accompagné des plans du projet. Celle-ci transmet le dossier aux services de l'équipement qui, après instruction, le renvoient avec un arrêté signé par le maire et établi en cinq exemplaires pour être remis : au demandeur, aux archives communales, à l'affichage, à la sous-préfecture, à l'équipement.
Le demandeur reçoit en même temps une ouverture et un achèvement des travaux vierges en trois exemplaires.

Comment déclarer l'ouverture et l'achèvement des travaux ?
Dès que la dalle est construite, le demandeur doit envoyer les trois exemplaires d'ouverture des travaux dûment remplis à la mairie et mettre un panneau sur le terrain. Un exemplaire est conservé en mairie, un autre est envoyé à l'équipement, le dernier à la sous-préfecture. Dès la fin des travaux, les trois exemplaires d'achèvement des travaux doivent parvenir à la mairie.

Comment obtenir le permis de construire ?
L'Équipement délègue une personne qui inspecte la construction pour voir si elle est conforme au plan déposé. Sur son avis, le maire délivre un certificat de conformité. Celui-ci vaut juridiquement permis de construire.

Quels services peuvent intervenir ?
Toute construction est soumise à une réglementation très stricte en matière d'emplacement :

□ dans un périmètre de monuments historiques, l'architecte des Bâtiments de France donne son avis ;
□ dans une zone d'affaissements miniers, le service des Mines intervient ;
□ s'il s'agit d'une construction destinée à recevoir du public, les services de sécurité sont concernés.
Peuvent intervenir également : le service d'archéologie de la direction régionale des Affaires culturelles, la direction départementale du Travail et de l'Emploi, la direction départementale des Affaires sanitaires et sociales.

1 Ce formulaire est utilisé pour apporter des modifications : soit au contenu d'un permis de construire antérieurement délivré (en cours de validation) et n'ayant pas travaux en cours de réalisation ; soit à un projet faisant l'objet d'une demande de permis de construire en cours de validation.
2 On coche la ou les cases correspondant aux modifications apportées, en portant les indications chiffrées si cela est demandé.
3 La surface hors œuvre brute (SHOB) est égale à la somme des surfaces de plancher de chaque niveau de la construction. Elle se calcule d'un mur extérieur à l'autre. La surface hors œuvre nette (SHON) s'obtient en déduisant de la surface hors œuvre brute un certain nombre d'éléments selon la destination et l'état des constructions.
4 Toute rubrique cochée doit être accompagnée d'une brève notice expliquant le but de la modification.
5 Dater et signer la demande.

100 | 101

DEMANDE DE PERMIS DE CONSTRUIRE

1 ►DEMANDE DE PERMIS DE CONSTRUIRE MODIFICATIF

31. OBJET DE LA MODIFICATION

4. ENGAGEMENT DU DEMANDEUR

5. PIÈCE À JOINDRE

3

Les sous-titres permettent de repérer les grands points du sujet.

FAMILLE

TRAVAIL

ADMINISTRATION

LOGEMENT

TRANSPORT

VIE PRATIQUE

Le mariage

Le mariage n'est pas simplement affaire de cérémonies et de festivités. Certaines démarches administratives sont à effectuer avant de se marier. On ne pourrait vous unir si certaines formalités n'étaient pas remplies.

■■■ Quelles sont les pièces à produire pour se marier ?

☐ Un extrait d'acte de naissance.
Vous le demandez à la mairie de la commune de naissance. Cet extrait doit avoir moins de 3 mois à la date du mariage.

☐ Une attestation qui certifie sur l'honneur l'indication des domiciles et un justificatif de ceux-ci (quittance EDF, reçu de loyer, feuille d'impôt...).

☐ Un certificat prénuptial établi par un médecin.
Ce certificat doit avoir moins de 2 mois au jour de la publication du mariage.

☐ Une pièce d'identité : carte nationale d'identité, passeport, permis de conduire, livret de famille des parents...

☐ La liste des témoins du mariage.
Il faut au moins 2 témoins mais pas plus de 4 témoins. Ces témoins doivent avoir plus de 18 ans.

☐ D'autres pièces doivent être fournies dans les cas particuliers :
- si l'un des futurs époux est mineur ;
- si l'un d'eux est veuf ou divorcé ;
- s'ils ont signé un contrat de mariage ;
- si l'un des époux est étranger ;
- si les futurs époux ont déjà eu ensemble un ou plusieurs enfants et qu'ils veulent les légitimer.

■■■ Où et quand faut-il produire ces pièces ?

Les futurs époux ou leurs parents doivent présenter ces pièces à la mairie où le mariage sera célébré.

Ils doivent le faire 3 semaines avant le mariage.

---

1 Les prénoms doivent être inscrits dans l'ordre de l'état civil.

2 Date et lieu de naissance.

3 Le domicile est l'endroit où l'on vit officiellement.

4 La résidence est l'endroit où l'on vit de temps en temps.
Si l'un des futurs époux n'a qu'une simple résidence, il faut qu'il ait habité cette résidence de façon continue pendant un mois avant la date de publication du mariage.

5 Nom du métier exercé.

6 Seule la personne qui n'a jamais été mariée doit cocher cette case.

7 Un homme peut se remarier aussitôt après un précédent mariage.
Une femme n'a le droit de se remarier que 300 jours après un précédent mariage, sauf si elle fournit un certificat prouvant qu'elle n'est pas enceinte.

8 Les personnes veuves ou divorcées cochent cette case.
Remarque : en France, la loi interdit d'être marié à plusieurs personnes en même temps.

9 Lieu et date de l'attestation sur l'honneur.

ATTESTATION SUR L'HONNEUR

Je soussigné(e) _____
(Nom en majuscules)   *et*   *prénoms*

né(e) le _____ à _____
Date   *Commune et département*

atteste sur l'honneur

☐ avoir mon **domicile** sis _____
    Adresse complète

    depuis le _____

☐ avoir ma **résidence** sise _____
    Adresse complète

    depuis le _____ jusqu'au _____

☐ exercer la **profession** de _____

☐ être **célibataire**

☐ qu'un **jugement de séparation de corps** a été prononcé contre moi (ci-joint extrait du jugement)

☐ **ne pas être remarié(e)**

☒ cocher les lignes utiles

A _____ le _____

                 Signature,

En application de l'article 161 du code pénal, sera puni d'un emprisonnement de 6 mois à 2 ans et d'une amende de 400 F à 4 000 F ou de l'une de ces deux peines seulement, quiconque aura établi ou fait usage d'une attestation ou d'un certificat faisant état de faits matériellement inexacts ou qui aura falsifié ou modifié une attestation ou un certificat originairement sincère.

24-01-40   (8302)
IMPRIMERIES ⟪ ADMINISTRATIVES CENTRALES
8, rue de Furstenberg - 75006 PARIS

5

FAMILLE
TRAVAIL
ADMINISTRATION
LOGEMENT
TRANSPORT
VIE PRATIQUE

Le livret de famille

Le livret de famille est un document important. Il atteste le mariage, le divorce éventuel et la naissance et le décès des enfants. Il doit être conservé pendant toute la vie. Il doit être présenté pour obtenir des fiches individuelles ou familiales d'état civil.

▄▄▄ Qui possède un livret de famille ?

Tous les couples reçoivent un livret de famille à la mairie le jour de leur mariage, qu'il s'agisse ou non d'une première union.

▄▄▄ Que contient le livret de famille ?

Il contient les extraits :
☐ de l'acte de mariage des époux ;
☐ de l'acte de décès des époux ;
☐ de l'acte de naissance des enfants issus du couple ;
☐ de l'acte de décès des enfants mineurs issus du couple.

Le livret de famille contient aussi les mentions qui viendraient modifier l'état civil des époux comme le divorce, le décès, le changement de nom de famille, la séparation de corps.

Remarques :
- à chaque fois qu'un événement le rend nécessaire, il faut obligatoirement faire remplir le livret de famille ;
- seul un officier de l'état civil a le droit d'écrire sur le livret de famille.

▄▄▄ Quand délivre-t-on un second livret de famille ?

Un second livret de famille peut être délivré :
☐ lors d'un divorce à la demande de l'époux qui ne possède pas le livret de famille original ;
☐ en cas de perte, de vol ou de destruction du livret original.

---

1 Ville où s'est déroulé le mariage civil.

2 Date à laquelle le mariage civil a été célébré.

3 Nom et prénoms de l'époux.

4 Date de naissance et ville dans laquelle l'époux est né.

5 Arrondissement et département dans lequel se situe le lieu de naissance de l'époux.

6 Métier de l'époux.

7 Nom de la ville où habitait le jeune homme avant son mariage.

8 Noms et prénoms du père et de la mère de l'époux.

9 Nom de jeune fille et prénoms de l'épouse.

10 Date de naissance et ville dans laquelle l'épouse est née.

11 Arrondissement et département dans lequel se situe la ville de naissance de l'épouse.

12 Métier de l'épouse.

13 Nom de la ville où habitait la jeune fille avant son mariage.

14 Noms et prénoms du père et de la mère de l'épouse.

15 Nom du notaire qui a reçu le contrat de mariage et date à laquelle il a été signé s'il y en a eu un.

16 Prénoms des enfants nés du couple.

17 M (masculin) pour un garçon.
F (féminin) pour une fille.

18 Date et ville dans laquelle est né chaque enfant.

19 Date et ville dans laquelle est mort chaque enfant.

EXTRAIT DU LIVRET DE FAMILLE

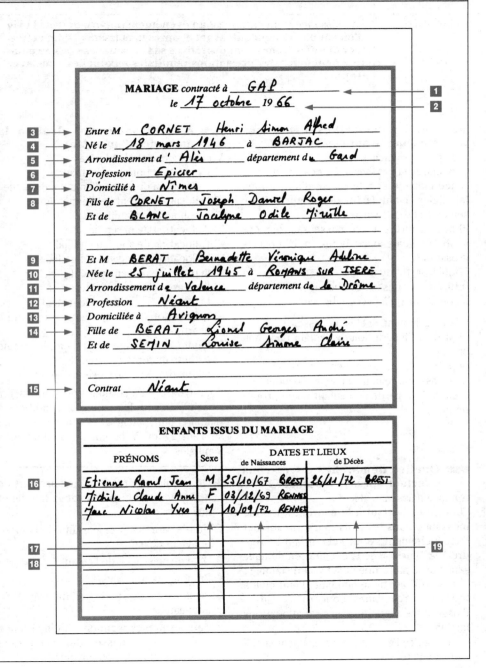

MARIAGE *contracté à* GAP

le 17 octobre 19 66

3 *Entre M* CORNET Henri Simon Alfred

4 *Né le* 18 mars 1946 *à* BARJAC

5 *Arrondissement d'* Alès *département du* Gard

6 *Profession* Epicier

7 *Domicilié à* Nîmes

8 *Fils de* CORNET Joseph Daniel Roger

Et de BLANC Jocelyne Odile Mireille

9 *Et M* BERAT Bernadette Véronique Adeline

10 *Née le* 25 juillet 1945 *à* ROMANS SUR ISERE

11 *Arrondissement de* Valence *département de* la Drôme

12 *Profession* Néant

13 *Domiciliée à* Avignon

14 *Fille de* BERAT Lionel Georges André

Et de SEMIN Louise Simone Claire

15 *Contrat* Néant

ENFANTS ISSUS DU MARIAGE

PRÉNOMS	Sexe	DATES ET LIEUX	
		de Naissances	de Décès
Etienne Raoul Jean	M	25/10/67 BREST	26/11/72 BREST
Michèle Claude Anne	F	03/12/69 RENNES	
Marc Nicolas Yves	M	10/09/72 RENNES	

7

FAMILLE

TRAVAIL

ADMINISTRATION

LOGEMENT

TRANSPORT

VIE PRATIQUE

La naissance

La naissance d'un enfant est un événement important dans la vie d'un couple. Cependant, avant et après la naissance, il faut effectuer des démarches administratives sans lesquelles vous ne pourriez bénéficier des prestations familiales auxquelles vous avez droit.

▪▪▪ Quelles démarches devez-vous effectuer avant la naissance ?

Avant la naissance, il faut :

☐ déclarer la grossesse à la caisse d'assurance maladie et à la caisse d'allocations familiales avant la fin des 14 premières semaines de cette grossesse ;

☐ que la future mère passe sa première visite médicale avant la fin du 3e mois de grossesse ;

☐ qu'à partir du 4e mois de grossesse, la future mère passe chaque mois une visite médicale jusqu'à l'accouchement.

Il faut également, si c'est nécessaire :

☐ prévoir l'inscription de l'enfant dans une crèche ;

☐ prévoir la garde de l'enfant au domicile d'une assistante maternelle indépendante ;

☐ prévoir la garde de l'enfant à son propre domicile.

▪▪▪ Quelles démarches devez-vous effectuer après la naissance ?

Après la naissance, il faut :

☐ déclarer l'enfant à la mairie du lieu de naissance dans les trois jours qui suivent l'accouchement ; pour cela, il faut se rendre à la mairie avec la déclaration de naissance de la maternité et le livret de famille ;

☐ envoyer une fiche familiale d'état civil à tous les organismes concernés : caisse d'assurance maladie, caisse d'allocations familiales…

☐ soumettre l'enfant à trois examens médicaux obligatoires.

▪▪▪ À quoi avez-vous droit à la naissance d'un enfant ?

Vous avez droit selon les cas à :

☐ l'allocation pour jeune enfant ;

☐ l'allocation de garde d'enfant à domicile ;

☐ l'allocation parentale d'éducation ;

☐ les allocations familiales ;

☐ l'allocation de parent isolé ;

☐ l'allocation de soutien familial ;

☐ l'allocation de logement familiale ;

☐ la prime de déménagement ;

☐ l'assurance maladie-maternité ;

☐ l'aide personnalisée au logement ;

☐ l'allocation de revenu minimum d'insertion ;

☐ l'aide à la famille pour l'emploi d'une assistante maternelle agréée ;

☐ l'affiliation à l'assurance vieillesse.

Pour avoir droit à certaines prestations, il y a parfois un certain nombre de conditions à remplir. Pour connaître ces conditions, il faut se renseigner à la caisse d'allocations familiales.

---

1 On envoie généralement le faire-part de naissance aux membres de la famille et aux amis.

2 Nom et adresse des parents de l'enfant qui vient de naître.

3 Date de naissance de l'enfant.

4 Prénom du nouveau-né.

5 Prénom de la sœur (ou du frère) du nouveau-né.

6 Deux exemples d'annonce de naissance que l'on peut passer dans la presse (presse régionale notamment).

FAIRE-PART DE NAISSANCE

Marc a la joie de vous annoncer
la naissance de

LAURA

le vendredi 29 décembre 1997

Alain et Patricia LALOUX - 10, rue du Moulin - 12500 Espalion

Les formules qui annoncent la naissance de l'enfant peuvent être très diverses. Par exemple :

■ Le voyage a été long…
Mais l'atterrisage s'est bien passé. Avec quelques jours d'avance, Éric est venu au monde le 3 février 1998.

■ Notre famille s'est agrandie.
Caroline est née le 20 janvier 1998. Elle rejoindra son papa Daniel et sa maman Michèle. Michèle et Caroline resteront quelques jours à la maternité Bazennes chambre 234, 18 rue de la Paix 52800 Nogent.

Exemple pour un bébé adopté :

■ Je m'appelle Julien.
Je suis né le 18 décembre 1997 au Sri Lanka.
Mes parents sont venus me chercher sur mon île pour me ramener en France. Nous sommes très heureux tous les trois.

naissances

Aurélie et Philippe
LE THÉNAFF
ont la joie d'annoncer la
naissance de leur petite

Margaux

Paris, le 1er février 1998.

Le 2 février 1998, est né

Simon

Il fait la joie de ses parents,
**Jérôme MARTIN
et Corinne LANGLOIS**
de ses grands-parents,
**Jean-François
et Nicole MARTIN
Christian et Danièle LANGLOIS**
de ses arrière-grand-mères,
**Mariel LANGLOIS
et Berthe PORCHER**

FAMILLE

TRAVAIL

ADMINISTRATION

LOGEMENT

TRANSPORT

VIE PRATIQUE

Le testament

Le testament est un document écrit par lequel une personne lègue ses biens à une autre ou plusieurs personnes. Il existe plusieurs formes de testament qui suivent des règles précises. Ne pas suivre ces règles peut entraîner la nullité du testament.

▬ Quelles sont les formes courantes de testament ?

□ Le testament olographe : ce testament est écrit, daté et signé de la main de son auteur (le testateur).

□ Le testament authentique : ce testament est écrit par un notaire en présence de deux témoins ou d'un second notaire.

Cette forme de testament est utilisée quand le testateur (l'auteur du testament) ne sait pas écrire ou est trop malade pour pouvoir écrire lui-même.

▬ Quelles sont les règles générales des testaments ?

Toute personne peut faire un testament. Deux ou plusieurs personnes ne peuvent pas faire un testament unique car il n'aurait aucune valeur.

Il faut que chacune des personnes fasse son propre testament.

Si une même personne a fait plusieurs testaments, c'est le dernier qui compte.

Un testament peut être révoqué, en tout ou partie. Cette révocation peut se faire par un testament postérieur (après la date du précédent testament) contenant une déclaration expresse de révocation. Cette révocation peut aussi provenir d'un nouveau testament contenant de nouvelles dispositions qui, sans annuler formellement les précédentes, sont incompatibles avec elles ou leur sont contraires.

▬ Pouvez-vous léguer par testament tout ce que vous possédez ?

Vous pouvez léguer tout ce que vous pos-

sédez à qui vous voulez si vous n'avez pas d'héritiers « réservataires »

On appelle héritiers « réservataires » :

□ les descendants, c'est-à-dire les enfants ou petits-enfants ;

□ les ascendants, c'est-à-dire les parents ou grands-parents s'il n'existe pas de descendants.

Vous ne pouvez léguer à d'autres qu'une partie de ce que vous possédez si vous avez des héritiers réservataires.

La partie que vous pouvez léguer à d'autres n'est pas la même selon le nombre d'héritiers réservataires et le lien de parenté qui vous lie à eux.

---

1 Confiez de préférence votre testament à votre notaire.
Vous pouvez aussi le confier à une autre personne ou le garder chez vous.

2 Les femmes mariées ou veuves notent aussi leur nom de jeune fille.

3 Votre adresse complète doit être indiquée.

4 Notez clairement les nom et adresse des personnes à qui vous voulez léguer vos biens ou certains de vos biens.

5 Énoncez clairement les différents objets.

6 Formule qui annule les testaments précédents.

7 Le testament n'aurait aucune valeur s'il n'était pas daté et signé.

EXEMPLE DE TESTAMENT

[1]

Ceci est mon testament.

[2] Je soussigné Pierre ARNOULD, demeurant

[3] 3, Cité du Parc 56340 CARNAC, lègue par ce testament :

— à Alexandre VILLETTE, demeurant

[4] 190 bis, rue Emile Zola 64100 BAYONNE,

[5] mon bureau américain et ma chambre à coucher.

— à Adrienne DUROY, demeurant

[4] 39, rue de la Monnaie 54400 LONGWY,

[5] ma salle à manger, mon horloge comtoise et mon encyclopédie.

[6] Je déclare révoquer tous les autres testaments que j'aurais pu rédiger précédemment.

Fait et écrit entièrement de ma main à CARNAC le 30 juillet 1989. **[7]**

Pierre Arnould

FAMILLE

TRAVAIL

ADMINISTRATION

LOGEMENT

TRANSPORT

VIE PRATIQUE

Le décès

Perdre un proche est toujours douloureux. En plus de l'organisation des obsèques certaines formalités administratives doivent être accomplies dans des délais très brefs. Si ces démarches n'étaient pas effectuées dans les temps voulus, il ne serait pas possible de procéder à l'inhumation du corps.

Quand et où déclarer un décès ?

Il existe un délai maximum de 24 heures pour déclarer un décès.
Un décès doit être déclaré à la mairie de la commune où ce décès a eu lieu. Si ce décès a eu lieu dans une autre commune que celle du domicile, la déclaration de décès sera ensuite transmise à la mairie du domicile. La mairie du domicile pourra donc délivrer des extraits d'acte de décès.

Comment déclarer un décès ?

1. Il faut se rendre à la mairie de la commune où a eu lieu le décès avec :
☐ le livret de famille ou une pièce d'identité de la personne décédée ;
☐ le certificat de décès délivré par le médecin qui a constaté la mort de la personne.
2. Une fois que la déclaration est faite, la mairie remet un permis d'inhumer. Ce permis d'inhumer sera remis au fossoyeur.

Comment obtenir un extrait d'acte de décès ?

Il faut se rendre (ou écrire) à la mairie du domicile de la personne décédée pour obtenir un extrait d'acte de décès. On peut obtenir cet extrait d'acte de décès le jour même ou le lendemain de la demande.
Cet extrait d'acte de décès est gratuit.
Si vous faites votre demande par courrier, joignez une enveloppe timbrée avec vos nom et adresse pour la réponse.

À qui faut-il adresser un extrait d'acte de décès ?

Il faut adresser un extrait d'acte de décès par exemple :

☐ à l'employeur ;
☐ à la caisse de retraite ;
☐ aux différents services sociaux ; la Sécurité sociale, le service des allocations familiales, etc.
☐ à la chambre de commerce (pour les commerçants) ;
☐ à France Télécom ;
☐ à l'Hôtel des impôts...

1 Chaque département est divisé en arrondissements. Chaque arrondissement est divisé en cantons.

2 Nom de la commune qui délivre l'extrait d'acte de décès.

3 Le décès a eu lieu au cours de l'année qui sera indiquée.

4 Le nom et les prénoms dans l'ordre de l'état civil de la personne décédée seront indiqués sur cette ligne.

5 Lieu de naissance de la personne décédée.

6 Date de naissance de la personne décédée.

7 Nom et prénoms dans l'ordre de l'état civil du père de la personne décédée.

8 Nom et prénoms dans l'ordre de l'état civil de la mère de la personne décédée.

9 La personne est décédée à la date qui sera notée sur cette ligne.

10 Date à laquelle l'extrait d'acte de décès sera rempli.

11 La signature de l'officier de l'état civil figurera à cet endroit.

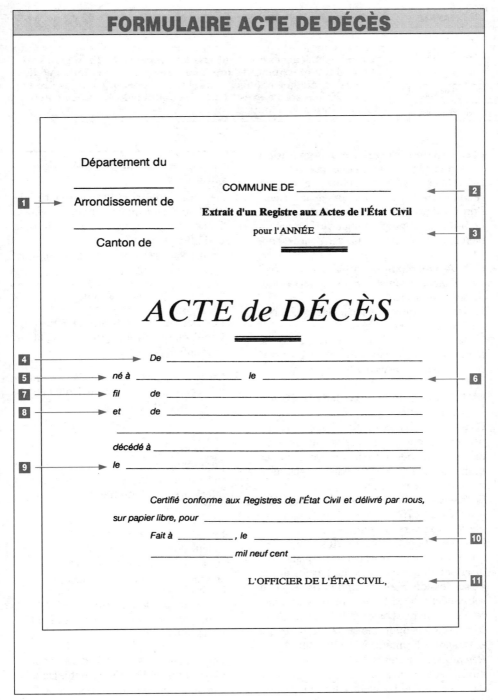

Département du
_____

Arrondissement de
_____

Canton de

1 →

COMMUNE DE _____ ← **2**

Extrait d'un Registre aux Actes de l'État Civil

pour l'ANNÉE _____ ← **3**

ACTE de DÉCÈS

4 → *De* _____

5 → *né à* _____ *le* _____ ← **6**

7 → *fil de* _____

8 → *et de* _____

_____

décédé à _____

9 → *le* _____

Certifié conforme aux Registres de l'État Civil et délivré par nous,

sur papier libre, pour _____

Fait à _____ *, le* _____ ← **10**

_____ *mil neuf cent* _____

L'OFFICIER DE L'ÉTAT CIVIL, ← **11**

FAMILLE

TRAVAIL

ADMINISTRATION

LOGEMENT

TRANSPORT

VIE PRATIQUE

Les droits de succession

Les droits de succession sont une taxe à payer à l'État quand on hérite d'une personne. D'une façon générale, plus le degré de parenté est éloigné et plus l'héritage est important, plus les droits de succession sont élevés. Il est cependant possible, légalement, d'en diminuer le montant.

▮▮ Qui doit souscrire à la déclaration des biens de la succession ?

Les héritiers, légataires et donataires doivent remplir une déclaration. Lors de la succession, il est préférable de faire intervenir un notaire. C'est même obligatoire lorsqu'un bien immobilier entre dans cette succession.

▮▮ À quel moment faut-il la souscrire ?

La déclaration des biens de la succession doit être souscrite :
☐ dans les 6 mois lorsque le décès a eu lieu en France métropolitaine ;
☐ dans les 12 mois dans tous les autres cas.
Remarque : des délais spéciaux sont prévus pour les départements d'outre-mer et la Corse.

▮▮ Comment réduire les droits de succession ?

Chaque succession est particulière. La loi prévoit cependant un certain nombre de dispositions permettant de faire payer moins de droits de succession à ses héritiers, comme par exemple :
☐ l'assurance-vie : les sommes investies avant l'âge de 70 ans sur contrat d'assurance-vie sont exonérées de droits de succession. Pour les primes au-delà de 70 ans, un abattement de 200 000 francs est consenti ;
☐ la donation : elle n'exclut pas les droits de succession, mais les amoindrit de façon substantielle. Il existe de nombreuses manières de donner ses biens et il est prudent de se renseigner pour choisir la méthode qui correspond le mieux à vos besoins.
Remarque : d'autres réductions peuvent être envisagées. Face à la multiplicité des cas, il est recommandé de consulter un notaire.

Exemples de calcul de droits de succession

1 Le conjoint survivant hérite de 420 000 F et a quatre enfants vivants. Calcul de la tranche de patrimoine taxable :

$$420\ 000\ F - \underbrace{(330\ 000\ F + 8\ 000\ F)}_{} = 82\ 000\ F$$

montant de l'héritage   abattement pour un conjoint plus 4 000 F par enfant à partir du troisième   montant taxable

Pourcentage de la tranche : 10 %.
Droits de succession : 10 % de 82 000 F = 8 200 F.

2 Les trois enfants d'une famille héritent de leurs parents de la somme de 600 000 F. Calcul de l'abattement :

$$3 \quad \times \quad 300\ 000\ F \quad = 900\ 000\ F$$

nombre d'enfants   abattement pour un enfant

Les enfants ne paieront pas de droits de succession car la totalité de l'héritage est inférieure à l'abattement.

3 Un frère ayant deux enfants à charge hérite de sa sœur 100 000 F. Calcul du montant taxable :

$$100\ 000\ F \quad - \quad 10\ 000\ F \quad = \quad 90\ 000\ F$$

Montant de l'héritage   abattement   Montant taxable

Pourcentage de la tranche : 35 %.
Droits de succession : 35 % de 90 000 F = 31 500 F.

4 Les concubins sont considérés comme n'ayant aucun lien de parenté. Dans ce cas, l'héritage est donc taxé à 60 %.

MONTANT DES DROITS DE SUCCESSION

Héritiers	Abattement (1)	Après déduction des abattements, pourcentage à appliquer sur la somme restante		Réduction des droits à payer pour charge de famille (3)
		Tranche de patrimoine taxable	Tarif	
1 ► **Conjoint survivant**	330 000 F	jusqu'à 50 000 F de 50 000 F à 100 000 F de 100 000 F à 200 000 F de 200 000 F à 3 400 000 F de 3 400 000 F à 5 600 000 F de 5 600 000 F à 11 200 000 F au-delà de 11 200 000 F	5 % 10 % 15 % 20 % 30 % 35 % 40 %	Si l'héritier a 3 enfants vivants 4 000 F par enfant à partir du troisième
2 ► **En ligne directe : parents, enfants, petits-enfants, grands-parents**	300 000 F sur la part d'héritage de chaque enfant ou de chaque ascendant	Jusqu'à 50 000 F de 50 000 F à 75 000 F de 75 000 F à 100 000 F de 100 000 F à 3 400 000 F de 3 400 000 F à 5 600 000 F de 5 600 000 F à 11 200 000 F au-delà de 11 200 000 F	5 % 10 % 15 % 20 % 30 % 35 % 40 %	Comme dans le cas précédent
3 ► **Entre frères et sœurs**	10 000 F sur la part de chaque héritier 100 000 F sous certaines conditions (2)	Jusqu'à 150 000 F au-delà de 150 000 F	35 % 45 %	2 000 F par enfant vivant à partir du troisième
4 ► **Jusqu'au 4e degré indus ; exemple : entre oncle et neveu**	10 000 F sur la part de chaque héritier	Sur la totalité	55 %	Comme pour les héritages entre frères et sœurs
4 ► **Au-delà du 4e degré et pour les personnes non parentes**	10 000 F sur la part de chaque héritier	Sur la totalité	60 %	Comme dans le cas précédent

(1). Il existe aussi un abattement de 300 000 F si l'héritier ou le légataire est handicapé. Pour les décès postérieurs au 31.12.1991, cet abattement est cumulable, selon les cas, soit avec celui de 330 000 F pour la transmission entre époux, soit avec celui de 300 000 F pour la transmission en ligne directe (parents-enfants), soit avec celui de 100 000 F pour certaines successions entre frères et sœurs. (2). Il faut qu'au moment du décès, le frère (ou la sœur) soit célibataire ou veuf ou divorcé ou séparé de corps, âgé de plus de 50 ans ou infirme, enfin qu'il ait vécu avec le défunt pendant cinq années avant le décès. (3). Pour les mutilés de guerre frappés d'une invalidité au moins égale à 50 %, les droits à payer sont en outre réduits de moitié, sans que la réduction puisse excéder 2 000 F.

A noter : pour les donations, les droits sont calculés comme pour la succession. Cependant ne sont pas applicables l'abattement de 100 000 F pour certaines successions entre frères et sœurs et celui de 10 000 F lorsqu'il n'y a pas d'autre abattement possible.

FAMILLE

TRAVAIL

ADMINISTRATION

LOGEMENT

TRANSPORT

VIE PRATIQUE

L'allocation veuvage

L'allocation veuvage est le fait de bénéficier pendant trois ans au minimum et cinq ans au maximum d'un soutien financier. Elle est versée par la caisse du régime général de la Sécurité sociale. L'allocation veuvage n'est pas accordée automatiquement ; vous devez en faire la demande.

■ À quelles conditions pouvez-vous obtenir l'allocation veuvage ?

Vous devez avoir moins de 55 ans, ne pas être remarié(e) et ne pas vivre maritalement et avoir (ou avoir eu) un enfant à charge.

Votre conjoint(e) décédé(e) devait avoir cotisé à l'assurance veuvage ou avoir été bénéficiaire d'une rente d'accident du travail (ou maladie professionnelle), d'un pension d'invalidité ou de l'allocation aux adultes handicapés, ou chômeur indemnisé, ou retraité, ou indemnisé en maladie, ou salarié en congé individuel de formation, ou assuré présent sous les drapeaux pour faire son service militaire légal…

Le montant mensuel de vos ressources ne doit pas dépasser 3 883,66 F (montant au 1er janvier 1998).

■ Quel est le montant de l'allocation veuvage ?

L'allocation est versée mensuellement et elle est dégressive.

Au 1er janvier 1998, son montant était de :

☐ 3 107 F par mois durant la première année ;

☐ 2 041 F par mois durant la deuxième année ;

☐ 1 554 F par mois durant la troisième année.

Ce montant est revalorisé deux fois par an et peut être réduit en fonction des ressources.

Si vous avez au moins 50 ans au moment du décès de votre conjoint(e) le paiement de l'allocation peut être prolongé jusqu'à vos

55 ans, soit 2 ans supplémentaires. À 55 ans, sous réserve d'en faire la demande, la pension de réversion prendra le relais de votre allocation veuvage.

■ Quelles démarches devez-vous effectuer ?

Vous devez retirer l'imprimé de demande d'allocation veuvage auprès de votre Caisse régionale d'assurance maladie ou dans les Centres information retraite. Attention, la demande n'est plus recevable si elle est effectuée trois ans après le décès.

Si vous effectuez votre demande dans les douze mois suivant le décès, le point de départ de votre allocation pourrra être fixé au premier jour du mois du décès. Sinon, il sera fixé au premier jour du mois de la demande.

---

1 Le demandeur est celui qui effectue la demande.

2 Vous trouverez ce numéro sur tous les documents provenant de la Sécurité sociale.

3 Vous n'avez pas le droit à l'allocation veuvage si vous vivez maritalement.

4 Vous trouverez ce numéro sur tous les documents adressés à votre conjoint(e) provenant de la Sécurité sociale.

5 CRAM : Caisse régionale d'assurance maladie.

6 Vous trouverez ce numéro sur tous les documents provenant de la CRAM.

DEMANDE D'ALLOCATION. EXTRAITS

1 RENSEIGNEMENTS D'ÉTAT CIVIL

1.1 DEMANDEUR

1.1.1 IDENTITÉ   MADAME ☐   MONSIEUR ☐

1

NOM DE NAISSANCE *(en majuscules)*

PRENOMS *(soulignez le prénom usuel)*

NOM DU CONJOINT *(s'il y a lieu)*

AUTRE NOM D'USAGE *(facultatif)*

NÉ(E) le _____ A _____ *Pour Paris et Lyon précisez l'arrondissement :*

DEPARTEMENT OU PAYS DE NAISSANCE   NATIONALITÉ

2 → N° IMMATRICULATION SÉCURITÉ SOCIALE   CLÉ

1.1.2 SITUATION FAMILIALE
Complétez selon votre situation

MARIÉ(E) LE	VEUF(VE) LE	DIVORCÉ(E) LE	SÉPARÉ(E) LE	CONJOINT(E) DISPARU(E) LE

3 → Vivez-vous maritalement ? OUI ☐   NON ☐   Si oui depuis quelle date ?

1.1.3. ADRESSE
(Précisez, s'il y a lieu, villa - lieudit - lotissement - cité - résidence - escalier - étage - etc.)

N° DANS LA VOIE	NOM DE LA VOIE
COMMUNE	CODE POSTAL
PAYS *(si résidence hors de France)*	TÉLÉPHONE

1.2 CONJOINT

1.2.1 IDENTITÉ

NOM DE NAISSANCE *(en majuscules)*

PRENOMS *(soulignez le prénom usuel)*

NÉ(E) le _____ A _____ *Pour Paris et Lyon précisez l'arrondissement :*

DEPARTEMENT OU PAYS DE NAISSANCE   NATIONALITÉ

4 → N° IMMATRICULATION SÉCURITÉ SOCIALE   CLÉ   N° IMMATRICULATION ASSURANCES SOCIALES
s'il a cotisé avant le 01.01.1947

1.2.2 Votre conjoint avait-il déposé une demande ou percevait-il **une retraite du régime général de la sécurité sociale ?**   OUI ☐   NON ☐

5 → *Si OUI indiquez le nom et l'adresse de la C.R.A.M. auprès de laquelle est enregistrée cette demande*

NOM DE LA CAISSE	
ADRESSE DE LA CAISSE	
6 → N° DE DOSSIER OU DE PENSION	

FAMILLE

TRAVAIL

ADMINISTRATION

LOGEMENT

TRANSPORT

VIE PRATIQUE

Le divorce

La vie entre époux n'est pas toujours facile. Parfois les difficultés sont telles qu'un divorce s'impose. Vous devez, pour divorcer, entamer une procédure judiciaire qui n'est pas gratuite mais qui peut être prise en charge par l'aide juridictionnelle si vos revenus ne dépassent pas certains plafonds.

▬ Quels sont les différents types de divorce ?

Il existe trois grands types de divorce.

☐ Le divorce pour faute : les causes du divorce pour faute peuvent être très nombreuses. Chaque faute doit toujours être prouvée.

☐ Le divorce par consentement mutuel. Il se divise en deux catégories : le divorce sur demande commune des époux et le divorce demandé par un époux puis accepté par l'autre.

☐ Le divorce par rupture de vie commune. Il peut avoir lieu dans deux cas : lorsque les époux ne vivent plus ensemble depuis au moins six ans, ou lorsque l'un des époux n'a plus ses facultés mentales depuis au moins six ans.

Remarque : seuls les magistrats ont le pouvoir d'accepter ou de refuser le divorce.

▬ Quels papiers faut-il rassembler pour demander le divorce ?

Il faut réunir, pour la procédure judiciaire de divorce, l'ensemble des papiers suivants :

☐ le livret de famille ;

☐ le contrat de mariage ;

☐ le bail du logement familial ou l'acte notarié d'acquisition de ce logement ;

☐ un extrait d'acte de mariage ;

☐ un extrait d'acte de naissance des enfants ;

☐ une fiche familiale d'état civil ;

☐ les cartes de Sécurité sociale et d'affiliation aux régimes de retraite des deux époux.

1 Une fois le divorce prononcé, la mention du divorce doit être portée en marge de l'acte de mariage ainsi que des actes de naissance des époux.

2 Le jugement de divorce est prononcé par le tribunal du lieu où habite :
- le couple ;
- celui des époux avec lequel habitent les enfants mineurs (si les époux vivent séparément) ;
- le défendeur, c'est-à-dire le conjoint de l'époux qui a demandé le divorce (lorsque le couple n'a plus de domicile) ;
- l'un ou l'autre des époux (en cas de divorce par consentement mutuel).

3 Le divorce obtenu se termine parfois par l'obligation pour l'un des époux de verser une somme d'argent à son ex-conjoint. Cela peut être :
- une prestation compensatoire accordée à l'époux le plus démuni (pour compenser la perte d'argent due à la séparation), en cas de divorce par consentement mutuel ou de divorce pour faute ;
- une pension alimentaire pour le conjoint en cas de divorce pour rupture de la vie commune ;
- une pension alimentaire versée pour les enfants au parent chez qui ils résident habituellement ;
- des dommages et intérêts en cas de divorce prononcé aux torts d'un seul des époux.

DOCUMENT, MENTION DU DIVORCE

Département : _____
Arrondissement : _____
Canton : _____
Commune : _____

1 ➤ **Date de la mention en marge de l'acte de mariage**

Le _____ 19___

2

1	Date du jugement de divorce (jour, mois, année) : _____	
2	Date de la célébration du mariage (jour, mois, année) : _____	
3	Lieu de mariage { Commune : _____ Département ou pays : _____	
3 ➤ 4	Qui a obtenu le divorce ? l'époux ☐ — l'épouse ☐ — torts réciproques ☐	

A . *Renseignements relatifs au divorcé :*

5	Prénoms : _____
6	NOM (en majuscules) : _____
7	Né à { Commune : _____ Département ou pays : _____
8	Date de naissance (jour, mois, année) : _____
9	Profession :
	Est-il salarié ? Oui ☐ — Non ☐
	Activité de l'établissement : _____
10	Domicile { Commune : _____ Département ou pays : _____ N° et rue : _____
11	État matrimonial antérieur au mariage : célibataire ☐ — veuf ☐ — divorcé ☐

B . *Renseignements relatifs à la divorcée :*

5	Prénoms : _____
6	NOM de jeune fille (en majuscules) : _____
7	Né à { Commune : _____ Département ou pays : _____
8	Date de naissance (jour, mois, année) : _____
9	Profession :
	Est-elle salariée ? Oui ☐ — Non ☐
	Activité de l'établissement : _____
10	Domicile { Commune : _____ Département ou pays : _____ N° et rue : _____
11	État matrimonial antérieur au mariage : célibataire ☐ — veuve ☐ — divorcée ☐

FAMILLE
TRAVAIL
ADMINISTRATION
LOGEMENT
TRANSPORT
VIE PRATIQUE

La scolarité élémentaire

L'école maternelle et l'école primaire sont les deux étapes de la scolarité élémentaire. Pendant les années de cette scolarité, les enfants apprennent à lire, à écrire et à compter. Ils découvrent également d'autres domaines comme les sciences ou les langues étrangères.

■ Comment inscrire votre enfant à l'école ?

Pour inscrire votre enfant à l'école, il suffit de se présenter à la mairie ou à l'école de votre quartier avec le carnet de santé de votre enfant, un justificatif de domicile et votre livret de famille. Un certificat de radiation vous sera aussi demandé en cas de changement d'école.

■ L'école maternelle

L'école maternelle n'est pas obligatoire mais vous pouvez y inscrire votre enfant dès l'âge de 2 ans révolus. Il y sera accueilli dès qu'une place sera disponible. Les professeurs d'école (anciennement instituteurs et institutrices) y enseignent les apprentissages premiers (distinguer formes et couleurs, vivre ensemble, se repérer dans l'espace et dans le temps…). Un livret sera éventuellement mis à votre disposition. Il vous permettra de suivre les progrès de votre enfant. N'hésitez pas à vous entretenir avec les professeurs d'école pour faire le point.

■ L'école primaire ou élémentaire

L'école primaire ou élémentaire est obligatoire pour tous les enfants qui ont 6 ans au cours de l'année civile. Par exemple, tous les enfants nés entre le 1er janvier et le 31 décembre 1994 devront être inscrits à l'école élémentaire pour la rentrée de septembre 2000.

Les professeurs d'école y enseignent les apprentissages fondamentaux (lire, écrire, compter…) durant les deux premières années (cours préparatoires et cours élémentaires 1re année). Durant les trois années suivantes (cours élémentaire 2e année, cours moyen 1re et 2e année) votre enfant approfondira ses connaissances et apprendra d'autres disciplines (parfois une autre langue, des sciences…).

■ Comment suivre les progrès de votre enfant ?

Les rencontres fréquentes avec les professeurs d'école sont essentielles. Ils vous conseilleront sur les manières de procéder pour aider votre enfant après la classe. Relire les textes lus en classe, refaire les exercices, réciter, développer le goût de la lecture, éveiller leur curiosité sont des activités à pratiquer chaque jour après la classe.

Extrait du livret scolaire : cycle des approfondissements

1 Compétences que l'on retrouve dans tous les domaines.

2 Il s'agit des compétences concernant la langue orale, l'expression écirte, la grammaire…

3 Il s'agit du calcul, de la géométrie, des mesures…

4 Dans la colonne PrT, le professeur d'école met une ou plusieurs croix en face des compétences travaillées durant la période.

5 Dans cette case le professeur d'école dit si votre enfant a acquis les compétences mentionnées dans la colonne PrT ;

6 Dans cette colonne sera indiqué un code de 1 à 4 correspondant au niveau d'acquisition.

EXTRAIT DE LIVRET SCOLAIRE

1 ⮕ COMPÉTENCES TRANSVERSALES	Période du _____ au _____
	ACQUISITIONS-OBSERVATIONS

Acquisition de l'autonomie / apprentissage de la vie sociale	Connaître et exercer des responsabilités personnelles.
	Énoncer des règles.
	Identifier quelques grands problèmes du monde, manifester une sensibilité à leur égard.
	Faire preuve de créativité, d'inventivité, de curiosité.
	Affirmer ses choix et ses goûts esthétiques : les expliciter et les faire partager.
Réflexion recherche	Émettre des hypothèses, faire des choix, contrôler ses réponses dans les situations plus complexes qu'au cycle 2.
	Élaborer un modèle abstrait pour traduire ou interpréter une situation ou une démarche.

◄— **5**

2 ⮕ COMPÉTENCES DANS LE DOMAINE DE LA LANGUE	Période du _____ au _____
	PrT *ACQUISITIONS-OBSERVATIONS* C

Langue orale	Questionner, répondre, expliquer, justifier, argumenter.
	Utiliser à bon escient les variations de langue en fonction des situations rencontrées (en maîtrisant la syntaxe).
	Dire de mémoire un texte en prose ou en vers.

◄— **4**

3 ⮕ COMPÉTENCES D'ORDRE DISCIPLINAIRE Mathématiques	Période du _____ au _____
	PrT *ACQUISITIONS-OBSERVATIONS* C

Résolution de problèmes	Reconnaître, trier, organiser et traiter les données utiles à la résolution d'un problème.
	Formuler et communiquer sa démarche et ses résultats.
	Argumenter à propos de la validité d'une solution.
	Élaborer une démarche originale dans un problème de recherche.
	Élaborer un questionnement à partir d'un ensemble de données.

◄— **5**

◄— **6**

FAMILLE
TRAVAIL
ADMINISTRATION
LOGEMENT
TRANSPORT
VIE PRATIQUE

Après l'école primaire

Votre enfant a entre 10 et 11 ans. Sa scolarité élémentaire est terminée. Il va entrer au collège, en classe de sixième. Il va débuter sa scolarité secondaire au cours de laquelle, à certains moments, il devra s'orienter.

■ Le collège

La scolarité au collège comporte 4 niveaux : 6e, 5e, 4e et 3e. Les professeurs sont spécialisés par discipline : français, histoire-géographie, mathématiques, sciences, langues, dessin, musique, éducation physique et sportive, technologie...

Un conseil de classe a lieu chaque trimestre. Il est composé du principal du collège, des professeurs de la classe de votre enfant, de parents d'élèves et des délégués élèves. Le conseil de classe fait le bilan de l'activité de la classe et de l'activité de votre enfant. Vous recevrez un bulletin sur lequel chaque professeur indique la note moyenne de la classe par matière, les notes obtenues par votre enfant et des appréciations sur son comportement et sur son travail.

Chaque classe a un professeur principal qui est votre interlocuteur privilégié. N'hésitez pas à le contacter.

La scolarité au collège est sanctionnée par le brevet des collèges qui se déroule à la fin de la classe de troisième.

■ Le lycée

Les types de lycée sont nombreux et dépendent de la formation que l'on y reçoit. Les lycées d'enseignement général préparent aux baccalauréats d'enseignement général (série littéraire, scientifique et économique). Les lycées techniques préparent aux baccalauréats techniques ou aux brevets de technicien. Les lycées professionnels préparent aux CAP, aux BEP et aux baccalauréats professionnels. À la fin de sa troisième, ou parfois en cinquième, votre enfant doit décider d'une orientation. Cette orientation dépend de ses capacités et de ses vœux. Il est essentiel de vous informer au plus tôt sur les possibilités d'orientation de votre enfant auprès de ses professeurs et du conseiller d'orientation.

■ Les études supérieures

Elles sont accessibles avec le baccalauréat ou un équivalent. Elles se suivent dans les universités, dans les grandes écoles, dans les IUT (Instituts universitaires de technologie) et parfois dans les lycées.

---

1 Orientation en lycée classique ou en lycée technique.

2 Orientation en lycée professionnel.

3 L : littérature ; ES : économique et sociale ; S : scientifique.

4 STI : sciences et technologies industrielles ; STL : sciences et technologies de laboratoires ; STT : sciences et technologies tertiaires ; SMS : sciences médico-sociales ; STAE : sciences et technologies de l'agronomie et de l'environnement ; STPA : sciences et technologies du produit alimentaire.

5 La 1re d'adaptation est une classe « passerelle » qui permet aux élèves de terminale BEP de passer dans la voie technologique.

6 Les flèches indiquent les possibilités d'orientation.

ITINÉRAIRES DE FORMATION

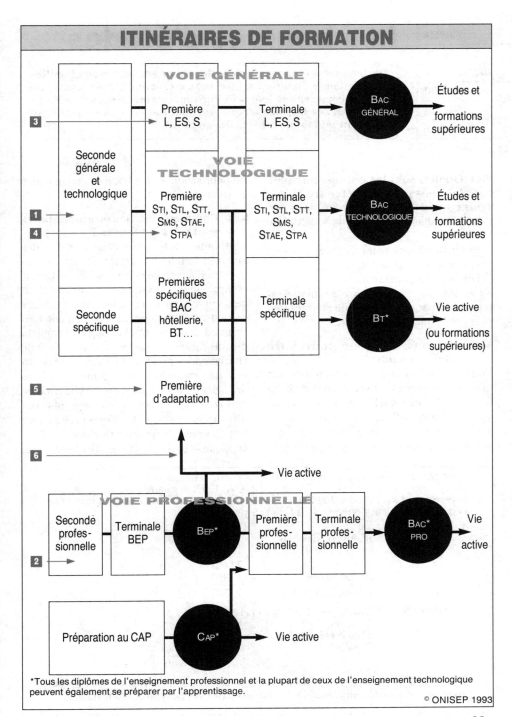

*Tous les diplômes de l'enseignement professionnel et la plupart de ceux de l'enseignement technologique peuvent également se préparer par l'apprentissage.

© ONISEP 1993

23

FAMILLE
TRAVAIL
ADMINISTRATION
LOGEMENT
TRANSPORT
VIE PRATIQUE

Les bourses d'études

Les bourses d'études sont des allocations accordées aux familles sous certaines conditions. Elles permettent aux élèves et aux étudiants de poursuivre leur scolarité dans les meilleures conditions possibles. Les bourses d'étude ne sont pas accordées automatiquement ; il faut en faire la demande.

■■■ Quelles sont les bourses auxquelles vous pouvez prétendre ?

Trois types de bourses peuvent vous permettre de financer les frais de scolarité de vos enfants :
☐ Les bourses nationales d'études au lycée.
☐ Les bourses régionales.
☐ Les bourses communales.
Remarque : au collège, l'aide à la scolarité est remplacée par des bourses de collèges versées par l'Éducation Nationale.

■■■ Où vous adresser pour faire votre demande ?

Vous obtiendrez tous les renseignements nécessaires auprès du secrétariat de l'établissement dans lequel votre ou vos enfants sont scolarisés. Pour les bourses régionales, vous vous adressez au conseil régional. Renseignez-vous auprès de votre mairie pour savoir si des bourses communales existent.

■■■ Comment les bourses nationales sont-elles attribuées ?

L'attribution des bourses nationales d'études au lycée se fait en fonction de votre situation familiale. Celle-ci est étudiée en tenant compte de vos ressources et de vos charges. Vos charges familiales sont évaluées en points. A chaque situation famliale correspond donc un certain nombre de points dits de charge. A chaque total de points de charge correspond un plafond de ressour-qui détermine si vous pouvez prétendre à une bourse pour votre ou vos enfants. Plus vous avez de points de charge, plus vos ressources peuvent être élevées. Le service des bourses de l'inspection académique applique le barème pour le calcul des parts.

Exemple : Pour le candidat boursier faisant partie d'une famille de cinq enfants à charge ayant eu comme seul revenu, déclaré en 1997, le salaire perçu en 1996 par le père et qui s'est élevé à 100 500 fracs — non comprises les indemnités à caractère familial —, le calcul s'opérera de la façon suivante :

1 RESSOURCES
- salaire	110 500	
- déduction des frais professionnels (10 %)	− 11 050	
	99 450	
- déduction de 20 %	− 19 890	
- revenu brut global	79 560	

2 CHARGES
- famille avec 1 enfant à charge	9 points
- 2e enfant	1 point
- 3e et 4e enfants (2 points x 2)	4 points
- 5e enfant	3 points
	17 points

3 Le barème indique que pour 17 points de charge une bourse est attribuée à toute famille ayant un revenu inférieur à 96 254 F. La famille considérée peut obtenir une bourse.

RESSOURCES ET POINTS DE CHARGE

1 ▸ RESSOURCES À PRENDRE EN CONSIDÉRATION

En principe, celles qui sont portées sur l'imprimé 1533 M (avis d'imposition) pour les familles imposables et sur l'imprimé 1534 M (avis de non-imposition) pour les familles qui ne sont imposables. Si la situation financière de la famille s'est récemment modifiée de façon sensible et durable, il est possible de prendre en compte les ressources plus récentes.

2 ▸ CHARGES à prendre en considération   Nombre de points

– famille avec un enfant à charge	9 points
– pour le 2e enfant à charge	1 point
– pour chacun des 3e et 4e enfants à charge	2 points
– pour chaque enfant à partir du 5e	3 points
– candidat boursier déjà scolarisé en second cycle ou y accédant à la rentrée suivante	
– candidat boursier, pupille de la nation ou justifiant d'une protection particulière	1 point
– père ou mère élevant seul un ou plusieurs enfants	3 points
– père et mère tous deux salariés	1 point
– conjoint en longue maladie ou en congé longue durée	1 point
– enfant au foyer atteint d'une infirmité permanente et n'ouvrant pas droit à l'allocation d'éducation spéciale	2 points
– ascendant à charge au foyer atteint d'une infirmité ou d'une maladie grave	

SECOND CYCLE : 2de, 1re, terminale conduisant à un baccalauréat de l'enseignement général, technologique, ou professionnel ; 3e année de CAP en trois ans ; brevet de technicien ; 1ère et 2ème année de BEP ou CAP en 2 ans, formation et mention complémentaire aux CAP et BEP.

Total des points de charges	9	10	11	12	13	14	15
Plafond des revenus	50 958	56 620	62 282	67 944	73 606	79 268	84 930
3 ▸	16	17	18	19	20	21	22
	90 592	96 254	101 916	107 578	113 240	118 902	124 564

Attention : il s'agit des plafonds applicables pour l'année scolaire 98/99. Le barème d'attribution des bourses est différent pour les étudiants de l'enseignement supérieur.

La Sécurité sociale

Le système de Sécurité sociale, basé sur la solidarité, couvre les principaux risques sociaux auxquels on est exposé. La feuille de soins, établie lors d'un acte médical, permet d'être remboursé des dépenses. En la complétant soigneusement, on évite des retards dans le remboursement.

■■■ Qui vous remet la feuille de soins ?

Lors de chaque consultation, votre médecin vous remet une ordonnance ainsi qu'une feuille de soins qu'il aura en partie remplie.

■■■ Que faire ensuite de la feuille de soins ?

1. Muni de votre carte d'assuré social, vous vous rendez :

☐ au laboratoire pour effectuer les analyses nécessaires, ou

☐ chez votre pharmacien qui vous fournira les médicaments prescrits. De plus, le laboratoire ou le pharmacien complètera le verso de la feuille de soins.

2. N'oubliez pas ensuite de détacher les vignettes des boîtes de médicaments et de les coller dans l'ordre de prescription dans la colonne réservée à cela.

3. Remplissez enfin le recto de la feuille sans rien oublier.

■■■ À qui faut-il envoyer la feuille de soins ?

La feuille de soins soigneusement complétée et l'ordonnance doivent être envoyées à votre Caisse primaire d'assurance maladie dans une enveloppe timbrée à l'adresse indiquée sur votre carte d'assuré social.

---

1 Sexe :
 numéro 1 si c'est un homme.
 numéro 2 si c'est une femme.

2 Année de naissance (les deux derniers chiffres).

3 Mois de naissance.

4 Numéro du département de naissance.

5 Numéro de la commune de naissance.

6 Rang d'inscription sur le registre communal.

7 Numéro complémentaire.

8 Nom et prénom de l'assuré, c'est-à-dire de la personne inscrite sur les listes de la Sécurité sociale. Son adresse exacte.

9 Nom et adresse de l'employeur de l'assuré.

10 En cas d'accident, un questionnaire sera envoyé à l'assuré.

11 Mari ou femme de l'assuré.

12 Cela peut être :
 - les ascendants, c'est-à-dire les parents ou les grands-parents ;
 - les descendants, c'est-à-dire les petits enfants ;
 - les collatéraux, c'est-à-dire les frères et sœurs ;
 - les alliés, c'est-à-dire des parents du côté de l'époux(se).

13 Un relevé d'identité postal, bancaire ou de caisse d'épargne est à joindre seulement :
 - la première fois que vous demandez ce mode de remboursement ;
 - ou bien si vous changez de numéro de compte ou de banque.

FEUILLE DE SOINS
assurance maladie

cerfa
N° 60-3777

1

6

RENSEIGNEMENTS CONCERNANT L'ASSURÉ(E) (1)

NUMÉRO D'IMMATRICULATION   `1.65.06.34.056.079` `37`

2 **3** **5** **4** **7**

NOM-Prénom
(suivi s'il y a lieu du nom d'époux)

DUJARDIN   ALain

ADRESSE

6 place de l'église

8

`|1|1|3|0|0|` *LIMOUX*
CODE POSTAL

SITUATION DE L'ASSURÉ(E) A LA DATE DES SOINS

☒ ACTIVITÉ SALARIÉE ou arrêt de travail *ETS SEMIN à CARCASSONNE* ◄ **9**

☐ ACTIVITÉ NON SALARIÉE

☐ SANS EMPLOI ► Date de cessation d'activité :

☐ PENSIONNÉ(E)

☐ AUTRE CAS ► lequel :

RENSEIGNEMENTS CONCERNANT LE MALADE (1)

10 ►
- S'agit-il d'un accident ? ☐ OUI ☒ NON Date de cet accident :
- Si le malade est PENSIONNÉ DE GUERRE et si les soins concernent l'affection pour laquelle il est pensionné, cocher cette case ☐

SI LE MALADE N'EST PAS L'ASSURÉ(E)

- NOM *SABLON*
- Prénom *FRANCINE*   Date de Naissance *05/07/67*
- LIEN avec l'assuré(e) : ☒ Conjoint ☐ Enfant ☐ Autre membre de la famille ☐ Personne vivant maritalement avec l'assuré(e)

11

12

- Exerce-t-il habituellement une activité professionnelle ou est-il titulaire d'une pension ? ☐ OUI ☒ NON

MODE DE REMBOURSEMENT (1)

13 ►
☒ VIREMENT A UN COMPTE POSTAL, BANCAIRE OU DE CAISSE D'ÉPARGNE
Lors de la **première** demande de remboursement par virement à un compte postal, bancaire, ou de caisse d'épargne ou en cas de **changement de compte**, joindre le **relevé d'identité** correspondant.

☐ Autre mode de paiement

(1) Mettre une croix dans la case de la réponse exacte	J'atteste, sur l'honneur, l'exactitude des renseignements portés ci-dessus.
"LA LOI REND PASSIBLE D'AMENDE ET/OU D'EMPRISONNEMENT QUICONQUE SE REND COUPABLE DE FRAUDES OU DE FAUSSES DÉCLARATIONS (articles L 377-1 du Code de la Sécurité Sociale, 1047 du Code Rural, 150 du Code Pénal)."	Signature de l'assuré(e) ► *Dujardin*

s 3110 d   11/87

fabrègue s.a. saint-yrieix - limoges - paris

FAMILLE
TRAVAIL
ADMINISTRATION
LOGEMENT
TRANSPORT
VIE PRATIQUE

La carte de Sécurité sociale

Toute personne immatriculée à la Sécurité sociale reçoit une carte d'assuré social qui comporte des informations confidentielles, valable pour un an et renouvelée automatiquement.

▆ Comment un travailleur devient-il assuré social ?

Tout travailleur doit être inscrit sur les listes de la Sécurité sociale quel que soit son sexe et quelle que soit sa nationalité. Il faut que son travail soit rémunéré, et qu'un contrat le lie à son employeur. L'employeur doit déclarer le travailleur à l'URSSAF (organisme qui collecte les cotisations de Sécurité sociale) avant son embauche. Dès qu'il est immatriculé, le travailleur reçoit sa carte d'assuré social, qui est valable un an et renouvelée d'année en année.

En cas de changement de domicile, vous devez signaler rapidement votre nouvelle adresse à la Caisse primaire d'assurance maladie dont vous dépendez. Celle-ci enregistrera les modifications. En cas de changement de circonscription de caisse, vous serez, après avoir signalé votre nouvelle adresse, informé de votre nouvelle affiliation.

▆ À quoi sert la carte de Sécurité sociale ?

Cette carte peut permettre de ne payer que la partie des frais (ticket modérateur) qui n'est pas remboursée par la Sécurité sociale.

On peut vous demander votre carte de Sécurité sociale par exemple :
- ☐ à la pharmacie ;
- ☐ au laboratoire médical ;
- ☐ au centre de radiologie ;
- ☐ lors d'une entrée à l'hôpital.

1 Nom de la Caisse primaire d'assurance maladie à laquelle doit s'adresser l'assuré(e), c'est-à-dire la personne inscrite sur les listes de la Sécurité sociale.

2 Sexe :
numéro 1 si c'est un homme ;
numéro 2 si c'est une femme.

3 Année de naissance (les deux derniers chiffres seulement).

4 Mois de naissance.

5 Numéro du département de naissance.

6 Numéro de la commune de naissance.

7 Rang d'inscription sur le registre communal.

8 Numéro complémentaire.

9 Nom (ou nom de jeune fille), prénom et date de naissance de l'assuré(e).

10 Nom, prénom et date de naissance de l'ayant droit (c'est-à-dire la personne qui bénéficie de l'assurance maladie de l'assuré(e).

11 Les bénéficiaires sont assurés jusqu'à la date limite indiquée.

12 Adresse de la Caisse primaire d'assurance maladie à laquelle l'assuré doit envoyer son courrier.

13 Nom (ou nom d'épouse), prénom et adresse de l'assuré(e).

14 Numéro de compte sur lequel seront versés tous les remboursements.

15 Date à laquelle l'assuré a été inscrit sur les listes de la Sécurité sociale.

16 Date à partir de laquelle la carte est valable.

SÉCURITÉ SOCIALE

CARTE D'ASSURÉ SOCIAL

**Cette carte
est personnelle.
Elle comporte des
INFORMATIONS CONFIDENTIELLES**

SÉCURITÉ SOCIALE

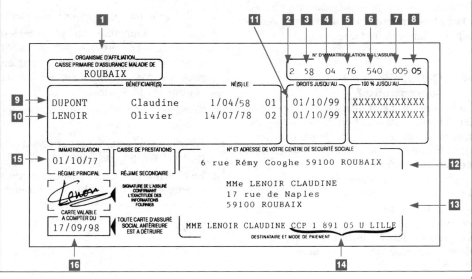

1 ORGANISME D'AFFILIATION
CAISSE PRIMAIRE D'ASSURANCE MALADIE DE
ROUBAIX

N° D'IMMATRICULATION DE L'ASSURÉ
2 **3** **4** **5** **6** **7** **8**
2   58   04   76   540   005   05

BÉNEFICIAIRE(S)		NÉ(S) LE		DROITS JUSQU'AU	100 % JUSQU'AU
9 DUPONT	Claudine	1/04/58	01	01/10/99	XXXXXXXXXXX
10 LENOIR	Olivier	14/07/78	02	01/10/99	XXXXXXXXXXX

11

15 IMMATRICULATION
01/10/77
RÉGIME PRINCIPAL

CAISSE DE PRESTATIONS

RÉGIME SECONDAIRE

N° ET ADRESSE DE VOTRE CENTRE DE SÉCURITÉ SOCIALE
6 rue Rémy Cooghe 59100 ROUBAIX   **12**

SIGNATURE DE L'ASSURÉ
CONFIRMANT
L'EXACTITUDE DES
INFORMATIONS
FOURNIES

MMe LENOIR CLAUDINE
17 rue de Naples
59100 ROUBAIX   **13**

CARTE VALABLE
A COMPTER DU
16 17/09/98

TOUTE CARTE D'ASSURÉ
SOCIAL ANTÉRIEURE
EST A DÉTRUIRE

MME LENOIR CLAUDINE CCP 1 891 05 U LILLE
DESTINATAIRE ET MODE DE PAIEMENT   **14**

FAMILLE
TRAVAIL
ADMINISTRATION
LOGEMENT
TRANSPORT
VIE PRATIQUE

Le tiers payant

Le tiers payant est la possibilité de ne régler qu'une partie des frais pharmaceutiques, des frais d'analyses médicales ou de radiographie. Ce qui reste à la charge du patient peut être remboursé en partie ou en totalité par la mutuelle pour les personnes qui y cotisent.

Comment faire pour demander le tiers payant ?

La première fois que l'on demande à bénéficier du tiers payant il faut :

☐ se rendre à la pharmacie de son choix ;

☐ se munir de sa carte de Sécurité sociale et, le cas échéant, de sa carte de mutuelle. Le pharmacien a besoin de ces documents. Il entrera les indications qu'ils comportent dans un ordinateur.

À partir de ce moment et jusqu'à la date d'expiration des cartes, il n'est plus nécessaire de les présenter pour bénéficier du tiers payant. Le pharmacien ou le praticien renouvellera l'opération à chaque changement de carte.

Remarque : il est possible de faire la même démarche dans plusieurs pharmacies ou chez plusieurs praticiens (centres de radiologie et laboratoires d'analyses).

Qu'appelle-t-on facture subrogatoire ?

La facture subrogatoire est le document par lequel on reconnaît avoir reçu les médicaments ou les soins et par lequel on autorise le pharmacien ou le praticien à percevoir à notre place le remboursement des actes ou des médicaments.

Le patient signe cette facture et règle le montant qui reste à sa charge le cas échéant.

Le pharmacien ou le praticien se charge d'envoyer cette facture à la caisse de Sécurité sociale.

1 Identification de l'assuré.

2 Identification du malade. Il peut être l'assuré ou un de ses bénéficiaires.

3 Identification du médecin ayant rempli l'ordonnance.

4 Détail des médicaments.

5 Montant des produits avant remboursement.

6 Total des produits avant remboursement.

7 L'assuré règle la part qui lui revient selon la base de remboursement des produits. Ainsi, dans la colonne à 35 %, l'assuré règle 65 % du montant de la colonne.

8 Total de la part qui revient à l'assuré.

9 Part remboursable au pharmacien selon la base de remboursement. Ainsi dans la colonne à 65 %, le pharmacien recevra par la Sécurité sociale la somme de 65 francs.

10 Total remboursable au pharmacien par la Sécurité sociale.

11 Signature de l'assuré. Le reste de la facture est rempli par l'ordinateur.

12 Le pharmacien envoie, avec la facture subrogatoire, le double de l'ordonnance et vous remet l'original.

FACTURE SUBROGATOIRE

FACTURE SUBROGATOIRE

En application de la convention relative à la dispense de l'avance des frais pharmaceutiques.

VOLET 1

N° FACTURE **386750**

Date : _____

ORDONNANCE ◄ **3**

En date du _____
Établie par le Docteur :
_____

IDENTIFIÉ SOUS LE N°

12

Joindre l'ordonnance correspondant à cette facturation

ASSURÉ **1**

NUMÉRO D'IMMATRICULATION

Nom _____
Prénoms _____
Adresse _____

MALADE **2**

Nom, prénoms _____
Lien de parenté avec l'assuré _____

4 — N° D'ORDRE DE LA PRESCRIPTION SUR L'ORDONNANCE

	TARIFICATION DÉTAILLÉE	PRODUITS REMBOURSABLES			PRODUITS NON REMBOURSABLES
		35%	65%	100 %	
1	*Médicament A*	100			
2	" " B		70		
3	" " C				10
4	" " D	20			
5	" " E		30		
6	" " F	20			
7					
8					
9					
10					

COLLER ICI

LES VIGNETTES

5 → MONTANT BRUT DES PRODUITS _140_ + _100_ + _____ + _10_

DANS L'ORDRE

6 → **TOTAL GÉNÉRAL** (1) ► _250_

7 → SOMME PAYÉE PAR L'ASSURÉ _91_ + _35_ + _____ + _10_

8 → **TOTAL PAYÉ PAR L'ASSURÉ** (2) ► _136_

DE LA

9 → MONTANT REMBOURSABLE _49_ + _65_ + _____ +

10 → **TOTAL REMBOURSABLE** (1-2) ► _114_

PRESCRIPTION

Cachet du pharmacien comportant le numéro d'identification et attestant la délivrance des produits ci-dessus.

(et au verso si nécessaire)

VOLET N° 1 A ADRESSER PAR L'ASSURÉ avec la feuille de soins et l'ordonnance.

à la Caisse Primaire de : _____

au Centre de : _____
à la Caisse de Mutualité Sociale Agricole de : _____

ou à l'organisme assureur AMEXA de : _____

Série **E**

PARTIE RÉSERVÉE A L'ASSURÉ

Je reconnais avoir pris connaissance des indications portées au verso de la présente facture et avoir reçu les produits détaillés ci-dessus.

Signature

◄ **11**

UCANSS FÉVRIER 1991 - BOURQUIN - Réf. 612 bis

| FAMILLE |
| TRAVAIL |
| ADMINISTRATION |
| LOGEMENT |
| TRANSPORT |
| VIE PRATIQUE |

Les accidents domestiques

La moitié des admissions aux urgences est occasionnée par les accidents domestiques. Les connaître et les prévenir sont les meilleurs moyens de permettre à vos proches de vivre en toute sécurité.

▆▆ Qu'appelle-t-on accidents domestiques ?

Ce sont les accidents qui arrivent à la maison, comm par exemple :
☐ les chutes ;
☐ les brûlures ;
☐ les étouffements ;
☐ les empoisonnements ;
☐ les intoxications par le gaz ;
☐ les explosions ou incendies ;
☐ les blessures par armes à feu ;
☐ les coupures…

▆▆ Qui est le plus souvent touché par les accidents domestiques ?

Les plus touchés par les accicents domestiques sont :
☐ les petits enfants, surtout quand ils commencent à savoir marcher seuls ;
☐ les personnes âgées à cause, par exemple :
- de leur surdité,
- de leur mauvaise vue,
- de leur manque d'agilité…

▆▆ Quelles précautions peut-on prendre envers les jeunes enfants ?

Il faut par exemple :
☐ avoir une armoire à pharmacie qui ferme à clé ;
☐ mettre des petits caches de protection sur les prises de courant ;
☐ ne pas laisser le manche des casseroles dépasser de la cuisinière ;
☐ ranger hors de la portée des enfants : ciseaux, aiguilles, aiguilles à tricoter… ;
☐ mettre les produits d'entretien (eau de javel, lessive, poudre à récurer…) en hauteur ;
☐ fermer le robinet d'arrivée de gaz de la gazinière ;
☐ ne pas laisser seuls un chien et en enfant ensemble, etc.

---

1 Remplissez ce tableau des services d'urgence et laissez-le à côté de votre téléphone.

2 Lorsque vous téléphonez, soyez toujours très précis. Indiquez :
- pourquoi vous téléphonez ;
- l'endroit très précis où le secours est attendu ;
- le nombre de blessés s'il y en a.

3 La gendarmerie (ou le commissariat) peut vous indiquer le médecin et le pharmacien de service.

4 SAMU signifie Service d'aide médicale d'urgence.

5 Vous pouvez aussi note le numéro de téléphone à huit chiffres des pompiers de votre localité.

6 Vous pouvez aussi noter le numéro de téléphone à dix chiffres de la gendarmerie de votre commune.

7 EDF signifie Électricité De France. GDF signifie Gaz De France. Les numéros de téléphone des services de dépannage d'Électricité et Gaz de France sont notés sur votre facture EDF-GDF.

TÉLÉPHONES D'URGENCE

SERVICES D'URGENCE ◄ 1

	Adresse	Téléphone ◄ 2
Médecin		
Pharmacien		
Infirmière		
Ambulance		
4 ► SAMU		
Hôpital		
Centre Anti-poisons		
5 ► Pompiers		**18**
3 ► Gendarmerie ou Commissariat		**17** ◄ 6
7 ► Secours EDF		
7 ► Secours GDF		

FAMILLE

TRAVAIL

ADMINISTRATION

LOGEMENT

TRANSPORT

VIE PRATIQUE

Les vaccins

Les vaccins permettent d'être immunisé contre une maladie déterminée. Pour des raisons professionnelles, des déplacements à l'étranger, pour les personnes âgées, certaines vaccinations sont obligatoires ou recommandées. Les enfants sont soumis à des vaccinations exigées pour la fréquentation d'un établissement scolaire.

▄▄▄ Le carnet de santé

À l'occasion de la naissance d'un enfant, la maternité remet aux parents un carnet de santé dans lequel seront notées toutes les vaccinations faites à l'enfant.

Certaines vaccinations sont exigées pour pouvoir fréquenter un établissement scolaire. Dans un souci de protection et de prévention il est impératif de respecter les premières vaccinations et les rappels. Les différents âges auxquels les vaccinations sont effectuées figurent dans le carnet de santé.

▄▄▄ Où se faire vacciner ?

Les vaccinations peuvent être faites par votre médecin ou dans les dispensaires, centres de protection maternelle et infantile, centres de vaccination.

Au cours de la scolarité d'un enfant le service médical de l'établissement fréquenté met en place des contrôles systématiques dont le but est de vérifier l'immunité et le cas échéant de renouveler la vaccination.

▄▄▄ Quand se faire vacciner ?

C'est au cours de la première année de notre vie que l'on doit être immunisé (protégé) contre la plupart des maladies infectieuses.

La plupart des vaccinations nécessitent des rappels tout au long de notre vie pour que la protection contre les maladies soit complète et durable.

Un rappel oublié nécessite parfois une revaccination complète.

1 Le BCG est le vaccin contre la tuberculose.

2 Chez le jeune enfant, ce microbe est responsable de redoutables infections telles qu'épiglottites (abcès du larynx), certaines méningites.

Même les antibiotiques sont impuissants face à ce germe.

Haemophilus influenzae peut encore être à l'origine d'arthrites, d'ostéomyélites, d'infections pulmonaires, de pleurésies purulentes.

3 Le rappel est une nouvelle vaccination, nécessaire pour que l'organisme continue à être protégé contre la maladie.

4 Le vaccin contre la grippe est gratuit :
- pour les personnes de plus de 70 ans ;
- pour toutes les personnes atteintes de certaines maladies.

Normalement, une prise en charge est adressée aux assurés concernés par la gratuité. Avec cette prise en charge et une prescription médicale, on peut se procurer gratuitement le vaccin en pharmacie.

5 D'autres vaccinations sont conseillées aux populations à risque :
- vaccination contre l'hépatite B pour les nouveau-nés dont la mère est atteinte par la maladie, pour les polytransfusés, pour les professions médicales, pour les jeunes adolescents... ;
- vaccination contre l'hépatite A pour les touristes se rendant dans certains pays, pour les professionnels exposés (secteur alimentaire, réseau d'eaux usées)... ;
- vaccination contre la typhoïde pour les personnels de laboratoire, pour certains voyageurs...

CALENDRIER DES VACCINATIONS

Dès le 1er mois	B.C.G.
À partir de 2 mois	Diphtérie, Tétanos, Coqueluche, Polio (1re injection). Haemophilus influenzae b (1) (1re injection).
3 mois.............	Diphtérie, Tétanos, Coqueluche, Polio (2e injection). Haemophilus influenzae b (2e injection).
4 mois.............	Diphtérie, Tétanos, Coqueluche, Polio (3e injection). Haemophilus influenzae b (3e injection).
À partir de 12 mois	Rougeole, Oreillons, Rubéole.
16/18 mois	Diphtérie, Tétanos, Coqueluche, Polio (1er rappel). Haemophilus influenzae b (rappel).

Avant 6 ans	B.C.G.	
6 ans..................	Diphtérie, Tétanos, Polio (2e rappel). Rougeole, Oreillons, Rubéole.	
11 - 13 ans	Diphtérie, Tétanos, Polio, Oreillons. Rubéole. B.C.G.	
16 - 21 ans	Diphtérie, Tétanos, Polio. Rubéole pour les jeunes femmes non vaccinées.	Épreuve tuberculinique suivie du B.C.G. en cas de négativité.
21 - 60 ans	Tétanos, Polio, Rubéole.	
À partir de 70 ans	Tétanos, Polio. Vaccination grippale.	

(1) L'association en 2 sites séparés est recommandée sauf s'il s'agit d'une nouvelle présentation associant dans la même boîte le vaccin Hib et le vaccin quadruple D.T.C.P.

Lorsqu'un retard est intervenu dans la réalisation du calendrier indiqué, il n'est pas nécessaire de recommencer tout le programme des vaccinations imposant des injections répétées. Il suffit de reprendre ce programme au stade où il a été interrompu et de compléter la vaccination en réalisant le nombre d'injections requis en fonction de l'âge.

Un délai minimum de 4 semaines est requis entre chaque injection.

Les vaccinations et leurs dates d'injection doivent être mentionnées sur un carnet de vaccination.

| FAMILLE |
| **TRAVAIL** |
| ADMINISTRATION |
| LOGEMENT |
| TRANSPORT |
| VIE PRATIQUE |

La petite annonce d'offre d'emploi

Ces petites annonces sont fréquemment utilisées par les entreprises quand elles recrutent du personnel. Les trouver et répondre rapidement permet de postuler dans les premiers à l'emploi offert.

▬ Où trouve-t-on les petites annonces ?

On trouve des petites annonces :
☐ dans des journaux à la rubrique « Offres d'emploi » ;
☐ dans des revues professionnelles (comme dans l'agriculture et l'imprimerie par exemple) ;
☐ à l'ANPE (Agence nationale pour l'emploi).

▬ Comment lire les petites annonces ?

Il faut :
1. parcourir les différentes annonces d'offre d'emploi ;
2. cocher celles qui vous semblent intéressantes à la première lecture ;
3. repérer, dans chaque annonce choisie, les renseignements qui concernent l'entreprise, le poste proposé et le candidat souhaité.

▬ Que signifient les différentes abréviations ?

CH : Cherche
CV : Curriculum vitae
ENV : Envoyer
OM : Obligations militaires
RECH : Recherche
REF : Références
SE PRÉS : Se présenter
SER : Sérieux
Sté : Société
URG : Urgent
VRP : Voyageur représentant placier.

▬ Comment répondre à une petite annonce ?

Pour répondre à une petite annonce, il faut envoyer un curriculum vitae et une lettre. Cette lettre de réponse doit :
☐ indiquer les références de l'annonce (date de parution, nom du journal) ;
☐ indiquer que vous avez compris les besoins de l'annonceur ;
☐ convaincre l'annonceur de vous fixer un rendez-vous pour un entretien d'embauche.

1 Nom de l'entreprise ou de l'organisme qui a passé l'annonce.

2 Nature du poste proposé.
Cet emploi peut être occupé par un homme ou une femme.

3 Conditions à remplir pour obtenir l'emploi proposé.

4 Âge souhaité.

5 Formation souhaitée.

6 Ancienneté dans la profession.

7 Traits de caractères du candidat.

8 Capacités du candidat.

9 Instructions qui concernent la réponse du candidat. CV signifie curriculum vitae.

10 Nom et adresse de l'entreprise qui a passé l'annonce et à qui le candidat doit écrire.

LA VILLE DE NOM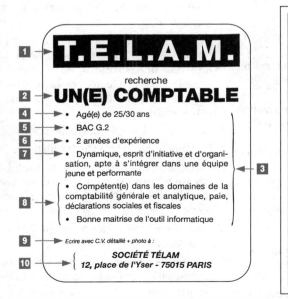
1

(Yvelines, 8 000 habitants)

Une ville humaine, un site harmonieux

recherche pour sa bibliothèque municipale sur mutation, liste d'aptitude ou contrat

un(e) assistant(e) de conservation. ← **2**

Agent placé sous l'autorité directe de la bibliothécaire responsable du service, et sera responsable du secteur adulte.

Missions principales :
- suivi et gestion du fonds adultes
- suivi et information des périodiques
- participation à des animations
- relations avec le public.

7 → ***Profil :***
- autonomie et goût pour les responsabilités
- qualités relationnelles, esprit d'équipe
8 → - connaissances en informatique fortement souhaitées. ← **3**

5 → ***Diplômes :***
- CAFB + Bac minimum.

Avantages :
Rémunération statutaire + prime annuelle + complément indemnitaire.

9 10 → Adresser candidature, CV et photo à M. le Maire, Hôtel de Ville, 78100 NOM.

---

1 → # T.E.L.A.M.

recherche

2 → # UN(E) COMPTABLE

4 → • Agé(e) de 25/30 ans
5 → • BAC G.2
6 → • 2 années d'expérience
7 → • Dynamique, esprit d'initiative et d'organisation, apte à s'intégrer dans une équipe jeune et performante ← **3**

8 → • Compétent(e) dans les domaines de la comptabilité générale et analytique, paie, déclarations sociales et fiscales
• Bonne maitrise de l'outil informatique

9 → *Ecrire avec C.V. détaillé + photo à :*

10 → *SOCIÉTÉ TÉLAM*
12, place de l'Yser - 75015 PARIS

FAMILLE

TRAVAIL

ADMINISTRATION

LOGEMENT

TRANSPORT

VIE PRATIQUE

La lettre de demande d'emploi

Il est souvent nécessaire d'écrire quand on recherche un emploi. La lettre de demande d'emploi doit être rédigée avec le plus grand soin et respecter certaines règles de présentation et de formulation.

■■■ À qui peut-on écrire une lettre de demande d'emploi

On peut écrire :

□ à l'entreprise qui a fait paraître une annonce d'offre d'emploi. On répond en précisant dans sa lettre dans que le journal on a découvert la petite annonce ;

□ aux entreprises de sa ville ou de sa région. Leur liste figure dans les pages jaunes de l'annuaire.

■■■ Comment doit-on présenter la lettre ?

Il faut :

□ utiliser du papier blanc sans lignes. La feuille doit avoir 21 centimètres de largeur et 29,7 centimètres de hauteur ;

□ écrire à la main avec soin ;

□ employer de l'encre bleue ou noire (pas d'autres couleurs) ;

□ laisser un blanc de 3 ou 4 centimètres à gauche et à droite, en haut et en bas de la feuille ;

□ faire des paragraphes en laissant un blanc de 1 à 2 centimètres entre chaque paragraphe ;

□ revenir à la ligne après le titre du destinataire (Madame, Monsieur, ...) ;

□ ne pas oublier de mettre une majuscule au premier mot du texte de la lettre, au début de chaque paragraphe et après chaque point.

■■■ Quelles démarches accomplir dès la sortie du système scolaire ?

Dès la sortie du systèle scolaire il convient de s'inscrire à l'agence locale de l'ASSEDIC ou la mairie, muni d'une carte d'identité nationale. Les étrangers doivent présenter la pièce officielle qui les autorise à chercher du travail en France.

Dans le même temps, il faut savoir avec précision quelle est sa couverture sociale entre la fin des études et l'entrée dans la vie active comme salarié. Un lycéen ou un étudiant entre 16 et 20 ans, « ayant droit » de son père ou de sa mère ou un étudiant entre 18 et 28 ans, assuré au régime de Sécurité sociale des étudiants, conservent cette couverture pendant douze mois après l'arrêt des études.

---

1 Lieu et date à laquelle vous écrivez.

2 Nom et adresse de celui qui écrit la lettre (l'émetteur).

3 Nom et adresse de celui qui recevra la lettre (le destinataire ; en général le directeur de l'entreprise où l'on désire travailler, ou bien le nom de la personne à contacter, en cas de réponse à une petite annonce).

4 Raison pour laquelle on envoie la lettre.

5 Formule pour désigner le destinataire.

6 Formule d'attaque (d'introduction). La phrase d'introduction varie en fonction du motif de sa lettre (réclamation, commande, demande d'information...).

7 Texte de la lettre où toutes les précisions sont données.

9 La formule de politesse termine la lettre. L'expression employée varie en fonction de la personne à laquelle on s'adresse.

DOCUMENT

Cindy TOURIER
18, rue Jean-d'Aulon
2 ▸ 45100 ORLÉANS

                                            Société ROBSA   ◂ 3
4 ▸ Objet : demande d'emploi   32, rue de Vauquois
V/réf. : votre annonce du 8 avril 1998   45000 Orléans

                                            Orléans, le 10 avril 1998   ◂ 1

5 ▸   Monsieur le directeur,

        Votre annonce parue dans Inter 45 concernant le poste de secrétaire a   ◂ 6
retenu toute mon attention.

        Mon expérience professionnelle correspond tout à fait aux caractéristi-
ques de cet emploi : utilisation d'outils bureautiques et maîtrise du traitement
de texte sur ordinateur.

        Vous trouverez dans mon curriculum vitae ci-joint tous les renseigne-   ▸ 7
ments complémentaires utiles.

        Je souhaite que ma candidature soit accueillie favorablement car je suis
actuellement libre de tout engagement.

        Je vous prie d'agréer, Monsieur le directeur, l'expression de mes   ◂ 8
sentiments dévoués.

                                            Cindy Tourier   ◂ 9

39

FAMILLE

TRAVAIL

ADMINISTRATION

LOGEMENT

TRANSPORT

VIE PRATIQUE

La petite annonce de demande d'emploi

La petite annonce de demande d'emploi est une façon de se faire connaître auprès des entreprises. Cependant sa rédaction n'est pas toujours facile et quelques règles précises mais simples sont à respecter.

■■■ Comment faire pour passer une petite annonce ?

On peut :

☐ remplir le formulaire à la maison ;

☐ mettre le formulaire dans une enveloppe timbrée ;

☐ ajouter, dans l'enveloppe, le chèque qui correspond au montant de l'annonce ;

☐ envoyer le tout au journal.

Ou bien :

☐ se rendre directement au journal ;

☐ remplir le formulaire sur place ;

☐ payer le montant de la petite annonce par chèque ou en espèces, c'est-à-dire avec de la monnaie.

Remarque : on peut parfois passer des annonces par Minitel ou par téléphone.

■■■ Comment faut-il rédiger le texte de la petite annonce ?

Précisez par un verbe ce que vous désirez (vendre, acheter, échanger, louer, chercher, donner, céder).

Indiquez le maximum de renseignements concernant le motif de votre petite annonce.

Donnez une adresse ou un numéro de téléphone auquel on peut vous joindre.

Inscrivez une lettre par case. On ne s'occupe pas de la façon dont un mot est coupé à la fin d'une ligne. Laissez une case vide entre chaque mot.

Écrivez votre texte en utilisant des abréviations.

1 La plupart des mots sont écrits en abrégé. Les abréviations sont terminées par un point.

Exemples : - CH. signifie « cherche ».
- OM. signifie « obligations militaires ».

2 Une case blanche sépare chaque mot.

3 Le forfait est un prix fixe minimum que vous payez pour l'annonce.

4 Plus vous utilisez de lignes, plus l'annonce coûte cher.

Exemple : si vous écrivez 7 lignes, votre texte coûtera 28 F.

5 Le tarif est réduit pour les demandeurs d'emploi.

6 Certains suppléments peuvent s'ajouter au prix de votre petite annonce.

7 Dans le journal, les annonces sont classées par rubrique, c'est-à-dire par thème.

8 La petite annonce peut paraître plusieurs fois de suite.

9 Montant total de l'annonce.
On le calcule en additionnant le prix du texte et le prix des suppléments s'il y en a. Puis, on multiplie ce résultat par le nombre de parutions.

10 Manière de payer l'annonce.

11 Signature de la personne qui fait paraître l'annonce.

12 Nom, adresse et numéro de téléphone de la personne qui fait paraître l'annonce.

13 Exemples de petite annonce parue.

FORMULAIRE DE PETITE ANNONCE

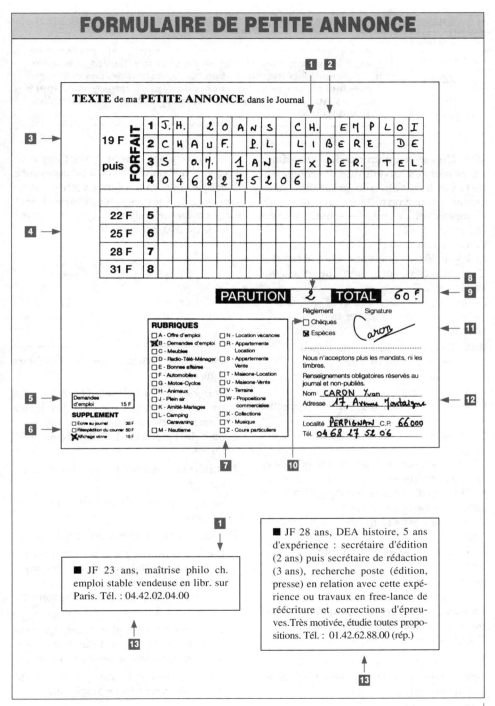

TEXTE de ma **PETITE ANNONCE** dans le Journal

19 F **FORFAIT**	1	J.	H.		2	0	A	N	S		C	H.		E	M	P	L	O	I
	2	C	H	A	u	F.		P.	L.		L	I	B	E	R	E		D	E
puis	3	S		0.	7.		1	A	N		E	x	P	E	R.		T	E	L.
	4	0	4	6	8	2	7	5	2	0	6							

22 F	5																	
25 F	6																	
28 F	7																	
31 F	8																	

PARUTION _2_ **TOTAL** 60 F

RUBRIQUES

☐ A - Offre d'emploi
☒ B - Demandes d'emploi
☐ C - Meubles
☐ D - Radio-Télé-Ménager
☐ E - Bonnes affaires
☐ F - Automobiles
☐ G - Motos-Cyclos
☐ H - Animaux
☐ J - Plein air
☐ K - Amitié-Mariages
☐ L - Camping Caravaning
☐ M - Nautisme

☐ N - Location vacances
☐ R - Appartement Location
☐ S - Appartement Vente
☐ T - Maisons-Location
☐ U - Maisons-Vente
☐ V - Terrains
☐ W - Propositions commerciales
☐ X - Collections
☐ Y - Musique
☐ Z - Cours particuliers

Demandes d'emploi   15 F

SUPPLEMENT
☐ Ecrire au journal   35 F
☐ Réexpédition du courrier 50 F
☒ Affichage vitrine   15 F

Règlement   Signature
☐ Chèques
☒ Espèces   _Caron_

Nous n'acceptons plus les mandats, ni les timbres.

Renseignements obligatoires réservés au journal et non-publiés.

Nom CARON Yvan
Adresse 17, Avenue Montaigne

Localité PERPIGNAN C.P. 66000
Tél. 04 68 27 52 06

■ JF 23 ans, maîtrise philo ch. emploi stable vendeuse en libr. sur Paris. Tél. : 04.42.02.04.00

■ JF 28 ans, DEA histoire, 5 ans d'expérience : secrétaire d'édition (2 ans) puis secrétaire de rédaction (3 ans), recherche poste (édition, presse) en relation avec cette expérience ou travaux en free-lance de réécriture et corrections d'épreuves. Très motivée, étudie toutes propositions. Tél. : 01.42.62.88.00 (rép.)

FAMILLE
TRAVAIL
ADMINISTRATION
LOGEMENT
TRANSPORT
VIE PRATIQUE

Le curriculum vitae

Quand les entreprises recrutent du personnel, elles demandent que les candidats fournissent un curriculum vitae. Les renseignements fournis par ce document permettent à l'employeur d'apprécier vos qualités et vos compétences. Il faut donc le rédiger soigneusement.

■■■ Qu'est-ce qu'un curriculum vitae ?

Curriculum vitae veut dire : déroulement de la vie. Il doit être rédigé sur une feuille distincte de votre lettre de demande d'emploi. Vous y notez les renseignements qui concernent :

☐ votre état civil ;
☐ les diplômes que vous avez obtenus ;
☐ les stages de formation que vous avez suivis ;
☐ les emplois que vous avez occupés ;
☐ le permis de conduire que vous avez obtenu.

■■■ Existe-t-il différents types de curriculum vitae ?

Oui. Certains précisent :

☐ tous les emplois occupés ;
☐ les périodes exactes pendant lesquelles vous avez occupé ces emplois ;
☐ les noms des entreprises qui vous ont employé.

D'autres précisent seulement l'essentiel de ce qui peut intéresser votre futur employeur :

☐ les emplois occupés en rapport avec ce que cherche l'employeur ;
☐ les villes dans lesquelles vous avez travaillé ;
☐ les stages de formation que vous avez suivis.

■■■ Quand devez-vous utiliser un curriculum vitae ?

Le *curriculum vitae* est demandé lorsque vous recherchez un emploi.
Il faut adresser à l'employeur :

☐ une courte lettre dans laquelle vous signalez que vous êtes candidat à l'emploi qu'on vous propose ;

☐ un *curriculum vitae* que vous envoyez avec la lettre. Dans celle-ci, il est nécessaire d'indiquer que vous joignez votre *curriculum vitae*. La formule la plus courante peut être la suivante : « Je vous prie de trouver ci-joint mon curriculum vitae ».

---

1 Dans cette formule, tous les diplômes sont notés.

2 Périodes pendant lesquelles vous avez travaillé. Si vous avez exercé beaucoup d'emplois, commencez plutôt par indiquer le plus récent puis remontez le temps.

3 Différents emplois que vous avez occupés.

4 Nom des entreprises qui vous ont employé.

5 Villes dans lesquelles vous avez travaillé.

6 Dans la nouvelle formule sont notés :
- les diplômes les plus élevés que vous avez obtenus ;
- les stages de formation professionnelle que vous avez suivis.

7 Seules les professions exercées qui peuvent intéresser votre futur employeur sont notées dans la nouvelle formule.

8 Autres renseignements qui pourraient intéresser votre futur employeur.

CURRICULUM VITAE - ANCIENNE MANIÈRE

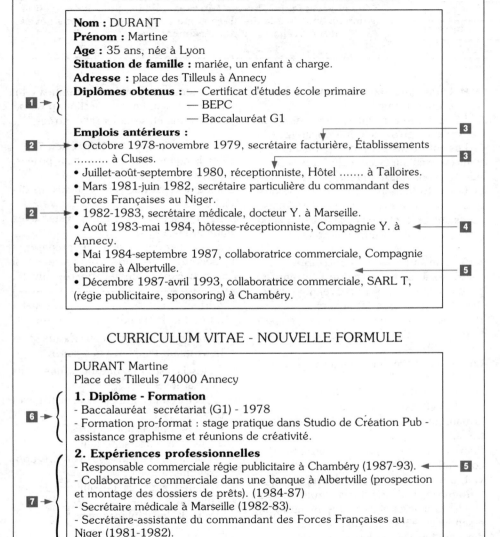

Nom : DURANT
Prénom : Martine
Age : 35 ans, née à Lyon
Situation de famille : mariée, un enfant à charge.
Adresse : place des Tilleuls à Annecy
Diplômes obtenus : — Certificat d'études école primaire
                 — BEPC
                 — Baccalauréat G1

Emplois antérieurs :
• Octobre 1978-novembre 1979, secrétaire facturière, Établissements .... à Cluses.
• Juillet-août-septembre 1980, réceptionniste, Hôtel .... à Talloires.
• Mars 1981-juin 1982, secrétaire particulière du commandant des Forces Françaises au Niger.
• 1982-1983, secrétaire médicale, docteur Y. à Marseille.
• Août 1983-mai 1984, hôtesse-réceptionniste, Compagnie Y. à Annecy.
• Mai 1984-septembre 1987, collaboratrice commerciale, Compagnie bancaire à Albertville.
• Décembre 1987-avril 1993, collaboratrice commerciale, SARL T, (régie publicitaire, sponsoring) à Chambéry.

CURRICULUM VITAE - NOUVELLE FORMULE

DURANT Martine
Place des Tilleuls 74000 Annecy

1. Diplôme - Formation
- Baccalauréat secrétariat (G1) - 1978
- Formation pro-format : stage pratique dans Studio de Création Pub - assistance graphisme et réunions de créativité.

2. Expériences professionnelles
- Responsable commerciale régie publicitaire à Chambéry (1987-93).
- Collaboratrice commerciale dans une banque à Albertville (prospection et montage des dossiers de prêts). (1984-87)
- Secrétaire médicale à Marseille (1982-83).
- Secrétaire-assistante du commandant des Forces Françaises au Niger (1981-1982).
- Secrétaire aide-comptable à Cluses (1978-79).

3. Divers
    35 ans, italien parlé et écrit...
    Sports pratiqués : tennis, ski, natation, hatha-yoga.

FAMILLE
TRAVAIL
ADMINISTRATION
LOGEMENT
TRANSPORT
VIE PRATIQUE

L'entretien d'embauche

Votre candidature a été retenue pour l'emploi que vous postulez. Vous êtes convoqué, avec d'autres candidats, pour un entretien d'embauche. C'est la dernière étape de la sélection. Vous devez donc vous y préparer minutieusement.

▰▰ Quels sont les différents types d'entretiens ?

☐ Les entretiens simples, c'est-à-dire que vous n'avez qu'un seul interlocuteur.

☐ Les entretiens par jury, c'est-à-dire que vous êtes seul en face de plusieurs personnes qui vous questionnent.

☐ Les entretiens par groupe, c'est-à-dire que vous êtes avec d'autres candidats ; après une présentation de la fonction et du poste, vous en discutez ensemble.

▰▰ Que faire avant l'entretien ?

Cherchez à mieux connaître l'entreprise : produits fabriqués, services rendus, procédés et méthodes de fabrication...

Pour cela, vous pouvez consulter les répertoires de chambre de commerce et d'industrie, l'ANPE, etc.

Complétez vos renseignements sur le poste, c'est-à-dire :

☐ s'il s'agit d'un remplacement ;

☐ s'il s'agit d'un poste créé ;

☐ dans quels services ou ateliers vous allez travailler.

Pour cela, vous pouvez consulter les conventions collectives, l'inspection du travail, une organisation syndicale, etc.

Entraînez-vous à prendre la parole. Sachez que les premières et dernières minutes sont essentielles, elles donnent la première et la dernière impression à votre interlocuteur. Exercez-vous à maîtriser votre débit de paroles et à contrôler vos gestes, paroles et gestes sont révélateurs de votre assurance.

Contactez des amis qui ont passé un entretien d'embauche et demandez-leur des renseignements : combien de temps a-t-il duré ? Quelles furent les questions posées ? Quelles difficultés ont-ils rencontrées ?

▰▰ Que faire après l'entretien ?

Notez les questions qu'on vous a posées. Repérez :

☐ les questions qui vous ont mis en difficulté ;

☐ les questions auxquelles vous avez répondu facilement.

Cela vous permettra de mieux préparer et d'améliorer votre prochain entretien si vous n'avez pas obtenu l'emploi souhaité.

1 Vérifiez l'adresse et la durée du trajet à faire afin de ne pas arriver en retard.

2 Préparez par écrit les réponses aux questions qu'on pourrait vous poser.

3 Faites la liste des questions que vous avez à poser :
- Quelle est la nature exacte de l'emploi proposé ?
- Y a-t-il des responsabilités ?
- Qui sera votre supérieur ?
- Y aura-t-il des gens sous votre responsabilité ?
- Quelles sont les possibilités de formation ?
- Y a-t-il des déplacements ?
etc.

4 À la fin de l'entretien, interrogez votre recruteur sur le salaire, les primes, les possibilités de promotion...

5 Un questionnaire d'embauche préimprimé est souvent donné à remplir avant l'entretien.

DOCUMENTS

QUELQUES CONSEILS

[1] • Arrivez cinq minutes en avance, ni plus, ni moins !

[2] • Motivez vos réponses : pas de « oui » ou « non » suivis de silence.

[3] • Profitez des réponses que vous faites sur votre expérience pour poser des questions sur l'entreprise.

• Ne soyez pas trop bavard : toute information inutile est dangereuse pour vous !

[3] • N'ayez pas peur du silence : vous avez fini de parler, souriez, et posez une des questions de votre liste !

• Ne dites jamais de mal de vos anciens employeurs.

• Montrez l'intérêt que vous portez au poste.

[4] • Le salaire : n'en parlez qu'à la fin de l'entretien.

EXEMPLE DE QUESTIONNAIRE D'EMBAUCHE

Nom (en majuscules). : *PIETRON*
Prénom . . . . : *Christelle*
Nationalité . . . . : *Française*
Adresse . . . . : *6, rue du Luxembourg*
08100 CHARLEVILLE-MÉZIÈRES

Nom de jeune fille . . . . : *TARZE* [5]
Né(e) le : *14 juin 1968* à : *CARIGNAN*
N° de Sécurité sociale : *2680608346017*
N° de tél . . . . : *24.17.03.02*

Nombre d'enfants à charge : 1

Prénom	Né(e) le
Romain	*20-01-1989*

Avez-vous accompli votre service ? ~~OUI~~ NON   Si oui, à quelle date ?
Avez-vous votre permis de conduire ? OUI ~~NON~~   Si oui, lequel ? *permis B*
Moyen de locomotion habituel . . . . : *automobile*   *(véhicule léger)*

Catégorie professionnelle	Service militaire
☐ Apprenti (AP) ☐ Ouvrier manœuvre (OM) ☐ Ouvrier hautement qualifié (OHQ) ☐ Ouvrier spécialisé (OS) ☒ Employé (EMP) ☐ Technicien (TEC) ☐ Cadre (CAD)	Du . . . . Au . . . . **Nationalité** ☐ Française ☐ Étrangère : . . . .

FAMILLE
TRAVAIL
ADMINISTRATION
LOGEMENT
TRANSPORT
VIE PRATIQUE

Le contrat d'apprentissage

L'apprentissage permet d'apprendre un métier en travaillant chez un maître d'apprentissage et en suivant des cours dans un Centre de formation des apprentis (CFA).

■ Qu'estce qu'un contrat d'apprentissage ?

C'est un contrat par lequel l'apprenti :
☐ reçoit un salaire ;
☐ reçoit une formation professionnelle, d'une part dans l'entreprise, et d'autre part dans un centre de formation ;
☐ s'engage à travailler pour son employeur pendant la durée du contrat.

■ Quelles sont les conditions à remplir pour devenir apprenti ?

Au début de l'apprentissage il faut avoir au moins 16 ans ou 15 ans à condition d'avoir suivi la scolarité du premier cycle de l'enseignement secondaire, de la 6e à la 3e et 25 ans au plus.

■ Quelle est la durée d'un contrat d'apprentissage ?

Un contrat d'apprentissage dure de un à trois ans selon la profession et le niveau de qualification visés. À la fin du contrat, l'apprenti passe un examen afin d'obtenir un diplôme professionnel ou technologique.

■ Quelle entreprise peut accepter un apprenti ?

Une entreprise ne peut accepter un apprenti que si elle est agréée. Le préfet du département délivre à l'entreprise un ou plusieurs agréments pour des diplômes bien définis, si l'équipement, l'activité, les conditions d'hygiène, de sécurité, la qualification du ou des maîtres d'apprentissage permettent de dispenser une formation satisfaisante. L'employeur s'engage à assurer dans l'entreprise la formation pratique

de l'apprenti. Il s'engage à lui faire suivre la formation dispensée du CFA et les activités de coordination ; à l'inscrire et à le faire participer aux épreuves du diplôme ou du titre inscrit sur le contrat.

1 Ce contrat doit être déposé au plus tard un mois après la date d'embauche de l'apprenti. Il peut être prolongé d'un an au plus en cas d'échec à l'examen.

2 Pour l'employeur, les avantages d'embaucher un apprenti peuvent être :
- une prise en charge par l'État des cotisations sociales ;
- une exonératoin partielle de la taxe d'appentissage ;
- une aide de l'État à l'embauche.

3 Si l'apprenti a moins de 18 ans au moment de la signature du contrat.

4 L'employeur inscrit l'apprenti dans un CFA qui assure une partie de la formation th éorique et pratique.

5 L'apprenti de moins de 18 ans ne peut pas travailler :
- plus de 8 heures par jour ;
- plus de 4 h 30 consécutivement ;
- olus de 39 heures par semaine ;
- la nuit entre 22 heures et 6 heures du matin.
Un repos de nuit de 12 heures consécutives doit être accordé.

MODÈLE DE CONTRAT

1

CONTRAT D'APPRENTISSAGE OU DÉCLARATION

Article L 117-1 et suivants du Code du Travail
consulter la notice - cadre A - et inscrire les chiffres correspondants

Ministère du Travail, de l'Emploi et de la Formation Professionnelle

cerfa
61-2317

L'employeur

Nom et prénom
ou Raison sociale

Adresse
de l'établissemnt
d'exécution du contrat

Activité principale

Organisme destinataire
des cotisations de
Sécurité Sociale

Type d'exonération   LOI de 1979 ☐   LOI de 1987 ☐
(voir notice - cadre H -)

N° SIRET de l'établissement d'apprentissage

Code APE

Déclaration n°

Téléphone

Code postal

Nombre de salariés
(voir notice - cadre B -)

Secteur
(voir notice - cadre C -)

L'apprenti

Nom et prénom

Adresse

Téléphone

Déjà affilié à la Séc. Soc.   OUI ☐   NON ☐ → Si NON :
remplir une demande d'affiliation

Si OUI :
N° de Sécurité Sociale

Sexe ☐   Nationalité ☐
(M = 1, F = 2)   *(voir notice - cadre D -)*

Date de
naissance _____ 19 ___

Lieu de naissance
(ville - départ. - pays)

Niveau de formation actuel ☐
(voir notice - cadre E -)

Situation avant l'apprentissage ☐
(voir notice - cadre F -)

Le contrat

Dates du contrat   Début _____ 19 ___   Fin _____ 19 ___

Durée ____ mois

Durée hebdomadaire de travail ___ H/sem   **5**

SALAIRE VERSÉ A L'APPRENTI EXPRIMÉ en % du SMIC ou du salaire minimum conventionnel à partir de 21 ans, fixé en fonction du barème minimum légal *(voir - cadre G -)* ou de la convention collective. *(Utiliser la partie droite du tableau ci-dessous en cas de changement de classe d'âge en cours d'année).*

1ère année du		au		% du SMIC du	au	% du SMIC
2ème année du		au		% du SMIC du	au	% du SMIC
3ème année du		au		% du SMIC du	au	% du SMIC

Les soussignés s'engagent à respecter les obligations du Code du Travail et le cas échéant de la Convention collective *(voir notice - cadres J et K -)*

Signature de l'employeur	*Signature de l'apprenti*	*Signature du représentant légal*	Fait à
			le

CADRE RÉSERVÉ A L'ADMINISTRATION (service chargé de l'enregistrement)

BASES FORFAITAIRES à partir desquelles sont calculées les cotisations sociales prises en charge par l'État ou dues en partie par les employeurs relevant de la loi de 1987. Elles servent également à déterminer la protection sociale de l'apprenti (en % du SMIC).
(Utiliser la partie droite du tableau ci-dessous en cas de changement de classe d'âge en cours d'année).

1ère année du		au		% du SMIC du	au	% du SMIC
2ème année du		au		% du SMIC du	au	% du SMIC
3ème année du		au		% du SMIC du	au	% du SMIC

Service d'enregistrement
(cachet)

Date d'enregistrement

_____ 19 ___

Numéro d'enregistrement

IMPRIMERIE NATIONALE : 4 257047 L Contrat d'apprentissage

Liasse 3 - Volet 4 destiné à la caisse de retraite complémentaire

FAMILLE

TRAVAIL

ADMINISTRATION

LOGEMENT

TRANSPORT

VIE PRATIQUE

Le travail temporaire

Le travail temporaire consiste à travailler dans une entreprise qui sous-traite une partie de sa main-d'œuvre auprès d'une agence de travail temporaire. Ce type de travail permet de mettre fin à une période de chômage ou permet à de jeunes salariés d'acquérir une expérience professionnelle.

■■■ Qu'est-ce qu'une entreprise de travail temporaire ?

Une entreprise de travail temporaire est une entreprise qui assure à votre égard les responsabilités d'un employeur, à l'exception des responsabilités qui concernent l'exécution d'un travail. Ces dernières responsabilités relèvent de l'entreprise où vous exécutez votre mission.

■■■ Qu'est-ce qu'un contrat de mission ?

Un contrat de mission est un contrat de travail à durée déterminée établi pour chaque mission que vous allez effectuer dans une entreprise. Ce contrat doit être écrit et vous êtes remis ou adressé dans les 48 heures suivant votre mise à disposition de l'entreprise utilisatrice. Ce contrat comporte toutes les indications des contrats à durée déterminée. En plus il doit mentionner le motif pour lequel l'entreprise recourt à un travailleur temporaire et la rémunération qu'attribuerait l'entreprise à un salarié permanent pour effectuer le même travail.

■■■ Quelle est votre rémunération ?

D'une façon générale votre rémunération de base est déterminée en fonction de la qualification exigée et elle ne peut être inférieure à celle que percevrait un salarié permanent effectuant le même travail.
Votre rémunération est majorée de l'indemnité de fin de mission (10 % du salaire de base) et de l'indemnité compensatrice de congés payés qui ne peut être inférieure au $1/10^e$ de votre rémunération.

■■■ Quels sont vos avantages sociaux et vos garanties ?

Comme tous les salariés vous bénéficiez des prestations de la Sécurité sociale et de la Caisse d'allocations familiales. Vous êtes obligatoirement affilié à une caisse de retraite complémentaire. En cas d'arrêt de travail vous bénéficiez (sous certaines conditions) d'indemnités supplémentaires versées par l'entreprise de travail temporaire ou par la caisse de prévoyance de la profession (IREPS).

■■■ Quelle formation professionnelle pouvez-vous recevoir ?

En tant que travailleur temporaire vous pouvez obtenir un congé individuel de formation des intérimaires. C'est le Fonds d'assurance formation du travail temporaire (FAF-TT) qui gère ces formations. Pour obtenir plus de renseignements rédigez un courrier et adressez-le à la FAF-TT (BP 40 75462 Paris Cedex 10).

---

1 Indiquez vos nom et adresse.

2 Coordonnées de la FAF-TT

3 Objet de la lettre.

4 Indiquez depuis quelle date vous êtes travailleur temporaire.

5 Indiquez le diplôme que vous voulez obtenir (CAP, BEP, BTS, ...) et sa spécialité (électrotechnique, vente et action marchande, ...).

1 → Monsieur ....
....
....

2 → FAF - TT
BP 40
....

...................., le ....

3 → Objet : demande de documentation

Monsieur,

4 → Travailleur temporaire depuis le ....
je souhaiterais bénéficier d'un congé individuel de formation pour
5 → obtenir le diplôme ....
....
Pourriez-vous me faire parvenir les documents nécessaires afin
que je puisse préparer mon dossier et prendre toutes les
dispositions qui s'imposent auprès de l'entreprise de travail
temporaire qui m'emploie.
Recevez, Monsieur, mes salutations distinguées.

Signature

FAMILLE

TRAVAIL

ADMINISTRATION

LOGEMENT

TRANSPORT

VIE PRATIQUE

Le contrat emploi solidarité

C'est un contrat passé entre l'État et un employeur. Ce contrat offre la possibilité aux personnes privées d'emploi de se retrouver en situation de travail et de préparer leur future réinsertion.

Qui peut bénéficier d'un contrat emploi solidarité ?

Pour bénéficier d'un CES vous devez être :
☐ demandeur d'emploi âgé de 18 à 26 ans ;
☐ ou bénéficiaire du RMI ;
☐ ou demandeur d'emploi de plus de 50 ans ;
☐ ou personne handicapée.

Qui peut vous employer ?

Pour bénéficier d'un contrat emploi solidarité, vous pouvez contacter :
☐ votre commune ou votre département ;
☐ des établissements publics (établissements scolaires) ;
☐ des associations (loi 1901), des fondations et des organismes à but non lucratif ?
☐ des comités d'entreprises et des sociétés mutualistes ;
☐ des collectivités territoriales.
Les contrats emploi solidarité peuvent être assimilés en partie à des contrats de travail à durée déterminée à mi-temps. Pour une même offre, il y a plusieurs demandeurs. Un entretien préalable est souvent organisé par l'employeur, il convient de s'y préparer avec soin.

Quelles sont les particularités du contrat ?

☐ C'est un contrat de travail à mi-temps (de 20 heures par semaine maximum). Il est conclu pour une durée déterminée de 12 mois maximum. Ce contrat peut être fixé éventuellement à 24 mois et exceptionnellement à 36 mois pour les publics dits prioritaires. La rémunération ne peut être inférieure au SMIC.

☐ Vous pourrez, le cas échéant, suivre une formation complémentaire de 400 heures non rémunérée qui doit s'effectuer pendant le mi-temps non travaillé. L'État peut prendre en charge une partie de la formation.

De quelles aides bénéficiera votre employeur ?

En signant ce type de contrat, l'employeur bénéficie d'une exonération des charges patronales. L'État lui rembourse aussi de 60 à 100 % du salaire. Certains frais peuvent aussi être pris en charge par le Conseil Général.

1 Identification de l'employeur.

2 Le bénéficiaire du contrat est suivi par un responsable durant sa période d'emploi.

3 Identification et renseignements concernant le bénéficiaire du contrat.

4 Durée et descriptif du contrat.

5 Signatures et cachets de l'employeur et du représentant de l'État.

6 Un exemplaire est remis au bénéficiaire du contrat.

1

Cadre réservé à la DDTE

N° de convention

☐☐☐ ☐☐ ☐☐☐☐ ☐☐
dept.   an   n° d'ordre   avenant

Date de dépôt ☐☐☐☐☐☐

CONTRAT EMPLOI-SOLIDARITE
CONVENTION ENTRE L'ETAT, représenté par le
Préfet de département, ou, par délégation, le
Directeur Départemental du Travail et de l'Emploi,
et L'EMPLOYEUR ci-dessous :

cerfa
n° 61-2277

Dénomination : _____ n° SIRET ☐☐☐☐☐☐☐☐☐☐☐☐☐☐

Adresse : _____

Code postal : ☐☐☐☐☐ Commune : _____ ✆ ☐☐☐☐☐☐☐☐☐☐

Statut de l'employeur : (tableau 1) ☐ Pour les communes, nombre d'habitants : ☐☐☐☐☐☐☐

Effectif salarié permanent à temps plein (non compris les contrats emploi-solidarité) : ☐☐☐☐☐

L'employeur est affilié au régime assurance chômage ⌐ = 1 ⌐

L'employeur n'est pas affilié au régime assurance chômage mais assure lui-même ce risque = 2 ☐

L'employeur déclare adhérer au régime particulier d'assurance chômage créé pour les Contrats emploi-solidarité = 3 ⌐

L'organisme a-t-il accueilli des stagiaires en TUC, PIL, ou AIG en 1989 : ☐ oui ☐ non

2 ➤ Nom du responsable du suivi : _____

Paiement par virement : bancaire ☐ CCP ☐

3 **IL EST CONVENU QUE LE SALARIE :**

M ☐ Mme ☐ Mlle ☐ Nom : _____

Prénom : _____ pour les femmes mariées, nom de jeune fille : _____

Né(e) le : ☐☐☐☐☐☐ à : _____ Dépt ou pays : _____

Nationalité : _____ n° de sécurité sociale : ☐☐☐☐☐☐☐☐☐☐☐☐☐

Adresse : _____

Code postal : ☐☐☐☐☐ Commune : _____ ✆ ☐☐☐☐☐☐☐☐☐☐

Inscription à l'ANPE : 3 ans au moins = 1 12 mois dans les 18 derniers mois = 2 moins de 12 mois = 3 non inscrit = 4 ☐

Adresse de l'ALE : _____

Type d'allocation chômage perçue : (tableau 2) ☐

Si bénéficiaire du RMI, le salarié le perçoit au titre : d'allocataire = 1 de conjoint ou concubin = 2 ☐

le salarié est-il sans emploi depuis un an au moins : ☐ oui ☐ non

le salarié a-t-il bénéficié ou bénéficie-t-il d'un contrat d'insertion : ☐ oui ☐ non

Etait-il avant le présent contrat stagiaire en TUC, PIL ou AIG : ☐ oui ☐ non

Si renouvellement, durée totale du ou des contrats précédemment effectués : ☐☐ en mois

A-t-il signé un engagement au titre du crédit formation individualisé : ☐ oui ☐ non

Qualification du dernier emploi : (tableau 3) ☐☐ Niveau de formation : (tableau 4) ☐

Si moins de 26 ans, année de fin d'études : ☐1☐9☐☐

4 **BENEFICIE D'UN CONTRAT EMPLOI-SOLIDARITE**

Date d'embauche prévue : ☐☐☐☐☐☐ Date de fin prévue : ☐☐☐☐☐☐ Durée du contrat ☐☐ en mois

Emploi proposé : (tableau 5) ☐ Salaire brut mensuel : ☐☐☐☐☐ F Durée hebdomadaire ☐☐ en heures

Description de l'emploi : _____

PRIS EN CHARGE PAR L'ETAT COMME SUIT :

Cadre réservé à l'administration

Le salarié est visé par l'alinéa 2 de l'article L. 322.4.10 du Code du Travail : ☐ oui ☐ non

le présent contrat relève du fonds de compensation : ☐ oui ☐ non

Pourcentage de prise en charge du SMIC horaire brut : ☐☐☐ %

Le versement de l'aide de l'Etat est assuré par le CNASEA.

Le contrôle de l'application de cette convention est effectué par la Direction Départementale du Travail et de l'Emploi. En cas de non exécution de la présente convention, les sommes déjà versées font l'objet d'un ordre de reversement. L'employeur déclare avoir pris connaissance des dispositions générales sur la notice jointe. Fait le : à

L'employeur, ou son représentant (Signature et cachet) : Pour l'Etat (Signature et cachet) :

5 ➤

6

cnasea 167 01 90

Destinataires : original blanc = CNASEA / Jaune = DDTE / Rose = Employeur / Bleu = Salarié / Vert = URSSAF / Blanc = ALE   Transmis au CNASEA le ☐☐☐☐☐☐

51

FAMILLE
TRAVAIL
ADMINISTRATION
LOGEMENT
TRANSPORT
VIE PRATIQUE

Le contrat de travail

Un contrat de travail est un document écrit qui fixe les rapports entre un employeur et un employé lors d'une embauche. Il est établi en deux exemplaires. En cas de conflit entre le salarié et le patron, le contrat de travail est une référence à laquelle il faut se reporter.

◼ Quels sont les différents types de contrat de travail ?

Il existe trois grands types de contrats :
☐ contrat de travail à durée indéterminée ;
☐ contrat de travail à durée déterminée ;
☐ contrat de travail temporaire.

◼ Qu'est-ce qu'un contrat de travail à durée indéterminée ?

C'est un contrat qui ne comporte qu'une seule date (celle de l'embauche). Il y a rupture de contrat quand le salarié démissionne ou quand il est licencié. Généralement il n'est définitif qu'après une période d'essai.

◼ Qu'est-ce qu'un contrat à durée déterminée ?

☐ Il peut indiquer deux dates précises, le début et la fin du contrat.
☐ Il peut être moins précis, et indiquer par exemple que le contrat est signé pour une saison, pour la durée d'un chantier, ou pour faire un certain travail bien précis.
☐ Il ne peut durer plus de 18 mois.
Le contrat de travail à durée déterminée ne met en relation que deux personnes : l'employeur et l'employé.

◼ Qu'est-ce qu'un contrat de travail temporaire ?

On parle aussi de travail intérimaire.
Il fait intervenir :
☐ l'employeur (le patron) ;
☐ l'entreprise de travail temporaire ;
☐ l'employé (le salarié).
C'est l'entreprise de travail temporaire qui met en relation l'employeur et l'employé.

1 Date à laquelle la personne embauchée commencera son travail. Au plus tôt dans les 8 jours précédant l'embauche et au plus tard la veille de l'embauche, l'employeur doit déclarer son nouveau salarié à l'URSSAF (Union de recouvrement de Sécurité sociale et d'allocations familiales).

2 Si le contrat est d'une durée inférieure à 6 mois, la période d'essai peut être d'un jour de travail par semaine et ne pas dépasser 2 semaines.
Si le contrat dure plus de 6 mois, la période d'essai ne peut dépasser un mois. Pendant cette période, employeur et employé peuvent mettre fin au contrat sans formalité particulière.

3 L'horaire de travail des salariés et la durée des repos doivent être affichés dans l'entreprise. Cet horaire est aussi transmis à l'inspection du travail.

4 Si la durée exacte du contrat ne peut pas être précisée, il sera écrit l'une de ces deux formules :
- « pour une durée minimale de... »,
- « pour toute l'absence de M. ... ».

MODÈLE DE CONTRAT

EXTRAIT DE CONTRAT DE TRAVAIL A DUREE *DETERMINEE*

Entre le *Garage SORECO*

et

Monsieur *BAYARD René*

né le *10 - 07 - 68* à *CHERBOURG*

en application de l'ordonnance du 5 février 1982 relative au
contrat de travail à durée *déterminée* du décret
d'application du 26 février 1982 et de la convention
collective, les conditions de l'engagement occasionnel du
salarié au Garage SORECO sont fixés comme suit :

OBJET DU CONTRAT : *Remplacement de M. VIRE*
mécanicien en formation pour 3 mois ◄............ **4**

Monsieur *BAYARD* est engagé du *1er Février 1998* ◄ **1**
au *30 Avril 1998* en qualité de *mécanicien*

INDICE HIERARCHIQUE : 200

REMUNERATION MENSUELLE BRUTE : *7 600 F*
Sept mille six cents Francs

LIEU DE TRAVAIL : *18 boulevard Anatole France*
63710 St Nectaire
HORAIRES : *39 heures par semaine étalées sur*
5 jours au plus ◄ **3**

2 ► PERIODE D'ESSAI : les *8 (huit)* premiers jours de cette
durée constituent une période d essai durant laquelle le
contrat pourra être résilié à l'initiative du salarié ou du
Garage SORECO sans préavis ni indemnité.
etc.

Signature du salarié (*)   Fait en double exemplaire
lu et approuvé   à *St Nectaire*
le 1er Février 1998   le *1er Février 1998*
                                 Le Chef du Personnel
Bayard
                                 Jansens

(*)   la signature du salarié doit être précédée de la mention
       manuscrite "lu et approuvé le ...."

FAMILLE
TRAVAIL
ADMINISTRATION
LOGEMENT
TRANSPORT
VIE PRATIQUE

Le bulletin de paye

Le bulletin de paye ou la fiche de paye sont des documents importants qu'il faut toujours conserver. Ils prouvent qu'on a cotisé aux caisses de retraite et de Sécurité sociale. Ils sont également nécessaires pour demander un prêt, pour louer un appartement...

◼◼ Quand les travailleurs reçoivent-ils leur bulletin de paye ?

L'employeur doit remettre un bulletin de paye aux apprentis et salariés de l'entreprise et à chaque fois qu'ils reçoivent leur paye. La remise du bulletin de paye se fait généralement tous les mois.

C'est un document original établi en un seul exemplaire. Il doit être conservé avec soin et sans limitation de durée.

◼◼ Quelle est l'utilité du bulletin de paye ?

☐ Il prouve qu'il y a un contrat de travail entre l'employeur et le travailleur.

☐ Il prouve que les cotisations de Sécurité sociale, de retraite complémentaire et de chômage ont bien été retirées du salaire. Il permet de vérifier le nombre d'heures de travail effectuées ainsi que leur taux horaire ; la nature et le montant des différentes primes ou indemnités ; le montant des différentes cotisations, etc.

---

1 L'URSSAF, c'est-à-dire l'Union de recouvrement de Sécurité sociale et d'allocations familiales, perçoit les cotisations salariales, patronales, de la GSG (Contribution sociale généralisée), et contrôle le versement de ces cotisations.

2 La CSG et le RDS (Remboursement de la Dette sociale) sont prélevés sur 95 % de la totalité des salaires.

3 Cette cotisation concerne l'assurance maladie, maternité, invalidité et décès.

4 Lorsque le salaire brut est inférieur au SMIC majoré de 30 %, les charges patronales sont réduites.

5 Le taux accident du travail est notifié, chaque année, directement à chaque employeur par la Caissse régionale d'assurance maladie (CRAM). Ce taux est applicable sur la totalité du salaire. Il varie selon l'emploi occupé et l'activité de l'entreprise.

6 L'exonération de cotisation d'allocations familiales demeure applicable dans certains cas.

7 FNAL signifie Fonds national d'aide au logement.

8 Les taux concernant la retraite complémentaire peuvent varier selon les activités. Ici, c'est la répartition courante qui est appliquée.

9 L'adhésion à une mutuelle est facultative, mais elle peut être obligatoire s'il y a eu un accord d'entreprise ou si elle est imposée par la convention collective.

10 Trois cotisations sont regroupées ici :
- la cotisation Assurance chômage ;
- la cotisation Structure financière ;
- la cotisation Fonds de garantie des salaires.

11 Il y a des cotisations patronales supplémentaires pour les entreprises de plus de 9 salariés.

BULLETIN DE PAYE

Employeur.
Nom : ENTREPRISE TAFFIN
Adresse : 23 rue Pasteur - 70100 GRAY
n° APE :
n° SIRET :
[1] U.R.S.S.A.F. :

Salarié

NOM **BARON Alain**

Adresse
Emploi _magasinier_ _____ Position (Niv. Cat. Coef.)
BULLETIN DE PAYE du _1-11_ au _30-11_ N° Pointage
Convention(s) Collective(s) de Branche
M° S. S. L_|_|_|_|_|_|_|_|_| Conservez ce bulletin de paye sans limitation de durée

N°_ Taux Taux
d'hres : N°_ Sup. _ Autres : N°_ Maj_ Total

		Bases	%	Cotis.— Pat.—	%	Retenues Salarié	
	Salaire de base pour **169** Heures à **42,22 F**						**7135 18**
	Heures Suppl— ___ % N— ___ H à						
	Heures Suppl— ___ % N— ___ H à						
	Salaire au forfait ou autre nature :						
	Autres majorations de Sal. _Prime d'ancienneté_						**130 50**
	Accessoires de Sal.						
	Déduction pour frais prof. ___ % ___ SALAIRE BRUT						**7265 68**

[11]

Bases	% Cotis.— Pat.— %	Retenues Salarié	
6902 39	2,4	C.S.G.	165 65
6902 39	5,1	CSG déductible	352 02
6902 39	0,5	R.D.S.	34 51
7265 68 12,80 930 00 0,75	S.S. Mal.	54 49	**[3]**
7265 68 0,10	Veuvage	7 26	
7265 68 8,20 595 78 6,55	S.S. Vieil. Plaf.	475 90	
7265 68 1,60 116 25	S.S. Vieil. Déplaf.		
7265 68 1,30 94 45	Accidents Travail		**[5]**
7265 68 5,40 392 34	Allocations famil.		**[6]**
7265 68 0,10 7 26	FNAL		**[7]**
7265 68 4,25 299 70 2,75	Retraite Compl.	199 80	**[8]**
	Retraite Cadres		
	MUTUELLE		**[9]**
	Prévoyance		
7265 68 5,38 390 89 3,01	ASSEDIC	218 69	**[10]**
	Ass. Chômage		

TOTAL COT. PAT—	2826 67	TOTAL RETENUES	1508 32
[4] ALLEGEMENT	953 38	SAL. A PAYER	5757 36
TOTAL NET	1873 29	(avant Ind. et Acpte)	

NET IMPOSABLE (SAL A PAYER + C.S.G. + RDS) | **5957 52**

Som— et Indem— Div.
non soumises à Cot.—

	Prime de salissure	280 00
	TOTAL	6237 52

Avantages en nature et acomptes | _Acompte_ | 1000 00

PAYÉ LE _30-11-_ Mode de paiement _Chèque_ NET A PAYER | **5237 52**

FAMILLE
TRAVAIL
ADMINISTRATION
LOGEMENT
TRANSPORT
VIE PRATIQUE

Les accidents du travail

Les accidents du travail sont des accidents qui surviennent sur le lieu de travail et pendant le trajet domicile-travail. Néanmoins, ils ne sont reconnus comme tels que si certaines conditions sont remplies. Un certain nombre de formalités sont à accomplir pour bénéficier des prestations sociales particulières à ce type d'arrêt de travail.

▬ Êtes-vous dans le cas d'un accident du travail ?

On considère comme accident du travail un accident dont vous pouvez être victime en tant que salarié titulaire d'un contrat de travail.

Cet accident doit survenir :

☐ soit pendant le temps de travail et sur le lieu de travail ;

☐ soit sur le trajet aller-retour entre votre lieu de travail et votre résidence habituelle ;

☐ soit sur le trajet aller-retour entre votre lieu de travail et celui auquel vous vous rendez pour prendre vos repas.

Attention : pour que l'accident de trajet soit reconnu, il faut :

☐ que vous n'ayez fait aucun détour ;

☐ que votre trajet ne soit pas interrompu.

▬ Que devez-vous faire lors d'un accident de travail ?

☐ Sauf en cas d'accident sur les lieux de travail, vous devez prévenir ou faire prévenir votre employeur de toute urgence et préciser l'identité du ou des témoins. Votre employeur est tenu de prévenir votre caisse de Sécurité sociale dans les 48 heures en envoyant une déclaration d'accident de travail par lettre recommandée avec avis de réception.

☐ Vous ou votre représentant devez attentivement suivre les indications données sur les différents imprimés qui vous seront remis et qui comportent plusieurs volets :

- feuille d'accident du travail ou de maladie professionnelle remplie par votre employeur ;

- avis d'arrêt de travail délivré par votre médecin ;

- certificat médical.

☐ Vous ou votre représentant devez vérifier ou remplir la partie victime.

▬ Qu'allez-vous toucher ?

☐ En cas d'accident du travail avec arrêt, vous touchez des indemnités journalières calculées en fonction des renseignements fournis par votre employeur sur la feuille « attestation de salaire ». L'indemnité journalière commence le lendemain du jour de l'accident.

☐ En cas d'incapacité permanente totale ou partielle vous pouvez recevoir une rente ou une indemnité en capital. Son montant est fonction de votre handicap (taux d'invalidité) et de votre salaire antérieur.

▬ Quand pouvez-vous reprendre ?

Vous ne pouvez reprendre votre travail qu'après avis de votre médecin qui établit un certificat médical final.

---

1 Le numéro d'immatriculation se trouve sur la carte d'assuré social.

2 Cochez la case correspondante ou indiquez de quel autre régime vous dépendez (par exemple régime des commerçants).

3 Identification de l'assuré.

4 Adresse de l'assuré.

5 Cochez la case accident du travail et indiquez la date de l'accident.

6 En cas d'accident du travail l'assuré ne règle aucun frais s'il présente la feuille de déclaration d'accident du travail.

7 Identification de l'employeur.

8 Partie à remplir par le médecin.

cerfa

N° 60-3970
Volet 3,
à conserver
par la victime (1)

CERTIFICAT MÉDICAL (1)

☐ INITIAL   ☐ DE PROLONGATION
☐ FINAL   ☐ DE RECHUTE

**ACCIDENT DU TRAVAIL
ET MALADIE
PROFESSIONNELLE**

(Articles L 441-6, L 443-1, L 461-5-3°, R 441-7, et R 461-6 du Code de la Sécurité Sociale, et 1164 du Code Rural)

RENSEIGNEMENTS CONCERNANT L'ASSURÉ(E) (2)

NUMÉRO D'IMMATRICULATION

☐ Général ☐ Agricole
RÉGIME ☐ Autre, lequel

L_____ (à défaut, date de naissance) _____J

NOM PATRONYMIQUE, PRÉNOM
(suivi, s'il y a lieu, du nom d'usage)

ADRESSE

☐ **ACCIDENT DU TRAVAIL**
☐ **MALADIE PROFESSIONNELLE**

Date de l'accident ou de la 1re
constatation médicale de la
maladie professionnelle

FEUILLE D'ACCIDENT DU TRAVAIL/MALADIE PROFESSIONNELLE présentée   ☐ OUI   ☐ NON ✳
✳ En cas de non présentation de la feuille, les honoraires doivent être demandés (Art. L. 432-3 du Code de la Sécurité Sociale)

RENSEIGNEMENTS CONCERNANT L'EMPLOYEUR
(Nom, prénom ou dénomination sociale)

RENSEIGNEMENTS MEDICAUX

JE, SOUSSIGNÉ,
AI CONSTATÉ ET CERTIFIE CE QUI SUIT
■ **CONSTATATIONS DÉTAILLÉES :** siège, nature des lésions ou de la maladie professionnelle, séquelles fonctionnelles

■ **CONSÉQUENCES :**   dates en lettres

☐ SOINS JUSQU'AU   inclus

(complétez également si nécessaire les rubriques ARRÊT DE TRAVAIL OU REPRISE DE TRAVAIL)

☐ ARRÊT DE TRAVAIL JUSQU'AU   inclus

SORTIES AUTORISÉES ☐ OUI ☐ NON de   h   à

☐ REPRISE DE TRAVAIL LE

────────────── **CONCLUSIONS** ──────────────

☐ GUÉRISON AVEC RETOUR A L'ÉTAT ANTÉRIEUR

☐ GUÉRISON APPARENTE AVEC POSSIBILITÉ DE RECHUTE ULTÉRIEURE   ] Date

☐ CONSOLIDATION AVEC SÉQUELLES

┌ Cachet du praticien ou de l'établissement ┐

CERTIFICAT ÉTABLI LE   Signature du praticien

L

(1) Ne cocher qu'une case   (3) A remplir seulement en cas de certificat final
(2) A compléter selon les indications de l'assuré(e) ou se reporter à sa carte d'assuré social

UCANSS - MAI 1992 - Réf. S 6909
Exigence SA - Limoges - 3353

FAMILLE
TRAVAIL
ADMINISTRATION
LOGEMENT
TRANSPORT
VIE PRATIQUE

L'arrêt maladie

L'arrêt maladie est un arrêt de travail délivré par le médecin. Celui-ci le mentionne sur la feuille de maladie et indique si les sorties sont autorisées ou non. L'employeur doit être prévenu le plus rapidement possible. Des contrôles peuvent être effectués.

■■■ Quels papiers reçoit-on du médecin lors de la consultation ?

Après l'examen du patient, le médecin peut prescrire un arrêt de travail. Dans ce cas il joint à la feuille de maladie un avis d'arrêt de travail.

■■■ Que doit-on faire ?

☐ Il faut adresser ou faire remettre à l'organisme d'assurance maladie dont on dépend les volets 1 et 2 de l'avis d'arrêt de travail. Cet envoi doit être effectué dans les deux jours qui suivent l'interruption du travail.
☐ Il faut respecter les heures de sortie si les sorties sont autorisées.
☐ Si on est amené à quitter la circonscription de la caisse dont on dépend il faut demander un accord avant le départ.
☐ Au cours de la période d'arrêt maladie, il est possible que des contrôles soient effectués pour vérifier si le patient est présent.

■■■ Quelles indemnités perçoit-on ?

Les salariés touchent des indemnités journalières représentant l'équivalent d'une demi-journée de salaire. Pour éviter tout retard il faut envoyer à la caisse de Sécurité sociale le plus rapidement possible une attestation de salaire établie par votre employeur. C'est à partir de ce document que sont calculées les indemnités journalières. Celles-ci sont versées à partir du 4e jour et sont complétées par la mutuelle pour les personnes qui en possèdent une.
Les salariés mensualisés qui ont cessé leur activité pour maladie touchent une indemnité complémentaire versée par l'employeur à condition d'avoir trois ans d'ancienneté dans l'entreprise.
Cette indemnité plus les demi-journées de la Sécurité sociale assurent au salarié 90 % de son salaire du 11e au 41e jour d'arrêt et 66,6 % du 42e au 72e jour. L'indemnité complémentaire patronale peut être plus étendue selon les conventions collectives. Dès la reprise, le salarié doit envoyer à la Sécurité sociale une attestation de reprise de travail signée par l'employeur. Elle lui permettra de percevoir les trois dernières demi-journées.

---

1 Identification du médecin.

2 Identification du patient.

3 L'arrêt de travail est de 8 jours. Le patient doit reprendre son travail le lendemain de la date notée sur la feuille de soins sauf si l'arrêt de travail est prolongé par le médecin.

4 Date de la consultation et premier jour d'arrêt de travail.

5 Les sorties ne sont pas autorisées. Quand elles sont autorisées elles doivent avoir lieu entre 10 et 12 heures et 16 et 18 heures. En cas d'absence lors d'un contrôle, les indemnités peuvent être supprimées.

PARTIE RÉSERVÉE AU MÉDECIN TRAITANT

IDENTIFICATION DU MÉDECIN OU DE L'ÉTABLISSEMENT

1

- Si les soins sont dispensés à titre libéral, dans un établissement de soins, cachet de cet établissement.
- Si les soins sont dispensés par un médecin salarié dans un centre de soins, NOM et qualité du médecin.

RADIATIONS IONISANTES
NUMÉRO D'AGRÉMENT de l'appareil ou de l'installation effectivement utilisé N°

NOM ET PRÉNOM DU MALADE
(A remplir par le médecin selon les indications de l'intéressé)

ARRÊT DE TRAVAIL
prescrit par le médecin

2

Nombre de jours *8*   jusqu'au *15 mai*   inclus   **3**

PRESTATION DES ACTES

PAIEMENT DES ACTES ①

4 Date des actes médicaux	Désignation des actes suivant nomenclature	Délivrance d'une ordonnance	Prescription 1 - Chambre particulière 2 - Sortie autorisée	Signature du médecin attestant la prestation de l'acte	Montant (en francs) des honoraires perçus	Dépassement Exigence particulière (MOTIF : DE)	Frais de déplacement perçus			TOTAL DÛ (6 + 8 + 10)	Signature attestant le paiement
							I.D.	I.K.			
								Nombre	Montant		
1	2	3	4	5	6	7	8	9	10	11	12
8 mai 94			*1* ← **5**								

SOINS RELATIFS AU TRAITEMENT DE L'AFFECTION DE LONGUE DURÉE RECONNUE (liste ou hors liste)

N.B. : DURÉE D'UTILISATION DE LA FEUILLE DE SOINS PAR LE MÉDECIN : 15 JOURS.

① **Le remboursement** de l'ensemble des frais médicaux, par les organismes d'assurance maladie est subordonné à l'indication par le médecin traitant du montant exact des honoraires perçus. (Art. R 321-1 et R 615-37 du Code de la Sécurité Sociale).

FAMILLE
TRAVAIL
ADMINISTRATION
LOGEMENT
TRANSPORT
VIE PRATIQUE

L'ASSEDIC et l'ANPE

S'y inscrire comme demandeur d'emploi n'est pas une obligation mais permet de trouver plus facilement un emploi et de ne pas perdre certaines prestations sociales.

■■■ Quel est le rôle de l'ASSEDIC vis-à-vis du demandeur d'emploi ?

L'ASSEDIC :

☐ vous inscrit comme demandeur d'emploi ;

☐ examine vos droits comme demandeur d'emploi ;

☐ vous paie, le cas échéant, les allocations.

Pour cela, il faut vous rendre personnellement à l'ASSEDIC, remplir un dossier et fournir un certain nombre de pièces justificatives.

■■■ Quelles sont les obligations des personnes inscrites à l'ASSEDIC ?

À la fin de chaque mois, vous recevrez :

☐ la carte d'actualisation mensuelle.

Il faut compléter, dater, signer, timbrer cette carte et la renvoyer immédiatement à l'adresse indiquée ;

☐ l'avis de changement de situation.

Il faut compléter et renvoyer ce document à l'ANPE si :

- on trouve du travail,
- on suit un stage de formation,
- on est en arrêt de maladie ou en congé de maternité,
- on ne cherche plus de travail,
- on change d'adresse ou de nom.

Vous êtes aussi obligé :

☐ de faire des démarches de recherche d'emploi ;

☐ de répondre à toutes les propositions et convocations de l'ANPE.

Remarque : si vous ne répondez pas aux convocations :

- votre inscription comme demandeur d'emploi sera annulée ;
- vous perdrez vos allocations.

■■■ Quels sont les équipements mis gratuitement à votre disposition ?

Vous pouvez consulter :

☐ les panneaux d'affichage d'offres d'emploi locales ;

☐ le Minitel pour connaître les offres d'emploi dans le département ou la région ;

☐ les journaux d'offres d'emploi ;

☐ les propositions de formation qui pourraient favoriser la recherche d'emploi ;

☐ la documentation mise à votre disposition à l'ANPE.

Vous pouvez utiliser :

☐ la machine à écrire et la photocopieuse pour rédiger et photocopier votre curriculum vitae ou tout autre document utile à votre recherche ;

☐ la cabine téléphonique pour contacter un employeur ou un organisme de formation.

---

1 Il faut écrire en lettres majuscules, une lettre par case.

2 Les personnes étrangères doivent fournir un titre de séjour.

2 Il faudra fournir l'original de l'attestation ASSEDIC remplie par votre ancien employeur et remise lors de votre départ. Il peut y en avoir plusieurs si vous avez eu plusieurs emplois au cours des 13 derniers mois.

4 Il faut rendre le dossier de demande d'emploi dans les 5 jours à l'ASSEDIC. Vous serez ainsi inscrit à partir du jour où vous êtes venu retirer ce dossier.

DOSSIER DE DEMANDE D'EMPLOI

Utilisez un stylo à bille

Identifiant (N° de D.E.) |__|__|__|__|__|__|__|__|__|

> VOUS AVEZ CINQ JOURS POUR FAIRE PARVENIR CE
> DOSSIER À L'ASSEDIC
> ATTENTION ! Si vous avez demandé ce dossier par
> courrier ou téléphone, vous devez impérativement
> vous *présenter*, avec les justificatifs requis.

4 → **INSCRIPTION COMME DEMANDEUR D'EMPLOI**

❶ VOTRE ÉTAT CIVIL ET SITUATION FAMILIALE

❑ M ❑ Mme ❑ Mlle Nom de naissance |_____| ← **1**

Nom d'usage (nom d'épouse, etc.) |_____|

2 → Prénom |_____| Né(e) le |__|__|__| à _____

Nationalité _____

❑ Marié(e)/Concubin(e) ❑ Célibataire ❑ Veuf(ve) ❑ Séparé(e)/Divorcé(e) Enfants à charge : |__|__|

N° Sécurité Sociale (NIR) |_____| Clé Autre régime _____

❷ VOTRE ADRESSE

N° |____| voie |____| rue, bld., ave. _____

Complément d'adresse (bât., esc.)

|____| Commune _____ Tél. |_____|
Code postal

❸ MOTIF DE VOTRE INSCRIPTION COMME DEMANDEUR D'EMPLOI

3 → ❑ Perte d'emploi

précisez : suite à ❑ Licenciement économique ❑ Licenciement pour autre motif
  ❑ Démission ❑ Fin de contrat à durée déterminée
  ❑ Fin de mission d'intérim

❑ Fin de convention de conversion

❑ Sortie de stage

❑ Autre situation : *précisez :* ❑ Recherche d'un 1er emploi ❑ Période d'inactivité supérieure à 6 mois

❹ VOUS RECHERCHEZ UN EMPLOI *(plusieurs choix possibles)*

  ❑ Durable ❑ Saisonnier ❑ Temporaire   tournez la page

Vous le souhaitez : ❑ à temps plein ❑ à temps partiel

Ne rien inscrire dans ce cadre

Dossier retiré le |__|__|__|	Vu le document officiel justifiant l'identité	SIGNATURE DE L'AGENT DE L'ASSEDIC
❑ 👤 ❑ ✉ ❑ ☎	Dénomination _____ Vu le document officiel justifiant le domicile	
Dossier déposé le |__|__|__|	Dénomination _____ Vu le titre de séjour ou de travail	NOM et Prénom
DATE D'INSCRIPTION |__|__|__|	Dénomination _____ N° _____ Valable jusqu'au |__|__|__|	Date |__|__|__|

DA/lda - 04-97

- 1 -

FAMILLE
TRAVAIL
ADMINISTRATION
LOGEMENT
TRANSPORT
VIE PRATIQUE

La retraite du régime général de la Sécurité sociale

Votre carrière de salarié s'achève. S'il est important de réfléchir à vos futures occupations, il est nécessaire de constituer dès maintenant votre dossier de retraite.

▪ Quel est votre régime de retraite ?

☐ Les régimes de retraite sont nombreux. Les salariés de l'industrie et du commerce sont affiliés au régime général de la Sécurité sociale. Les autres salariés (fonctionnaires, employés de la SNCF…), les travailleurs indépendants et les professions libérales ont leur propre régime.

Votre régime d'affiliation dépend donc de votrre profession. Selon le déroulement de votre carrière, il est possible d'être affilié successivement à plusieurs régimes.

▪ A quel âge pouvez-vous faire valoir vos droits à la retraite ?

Pour les employés affiliés au régime général de la Sécurité sociale il faut être âgé d'au moins 60 ans pour faire valoir ses droits.

▪ Pendant combien de temps faut-il avoir cotisé ?

Pour les employés affiliés au régime général de la Sécurité sociale nés en 1938, il faut en 1998 avoir cotisé 155 trimestres pour prétendre à une pension complète. Les années de cotisation au-delà des 155 trimestres ne donnent pas droit à une majorations de la pension. *Attention :* jusqu'en 2003, il faudra chaque année, pour pouvoir prétendre à une pension complète, avoir cotisé un trimestre de plus. En 2003, il faudra donc avoir cotisé 40 ans (160 trimestres).

▪ Quel est le montant de la pension ?

Pour les employés affiliés au régime général de la Sécurité sociale nés en 1938, le calcul s'effectue de la façon suivante : $\frac{\text{durée d'assurance}}{150}$

Salaire de base × taux ×

Le salaire de base est égal au salaire annuel moyen des 15 meilleures années (bientôt et progressivement : des 25 meilleures années depuis 1947). Les rémunérations perçues au cours de la carrière sont revalorisées.

Le taux maximum est de 50 %. Pour obtenir ce taux il faut soit :

☐ avoir au moins 60 ans et avoir cotisé le nombre de trimestres d'assurance exigé ;

☐ avoir entre 60 et 65 ans et être reconnu inapte au travail ou titulaire d'une pension d'invalidité ou ancien combattant ou ancien prisonnier de guerre ou ouvrière mère de 3 enfants justifiant de 30 années d'assurance ;

☐ être âgé de plus de 65 ans quel que soit le nombre de trimestres.

La durée d'assurance retenue est au maximum de 150 trimestres. Cette durée est majorée :

☐ de 2 années par enfant élevé pendant 9 ans avant leur 16e anniversaire ; ceci pour les femmes assurées ;

☐ de 2 ou 3 ans aux hommes et aux femmes bénéficiaires du congé parental, non cumulable avec la majoration précédente ;

☐ de 2,50 % par trimestre écoulé après 65 ans si vous avez moins de 150 trimestres.

▪ Quelles démarches accomplir ?

Si la retraite est un droit, elle n'est pas accordée automatiquement. Aussi faut-il en faire la demande auprès des centres d'information retraite qui dépendent de la Caisse régionale d'assurance maladie (CRAM). Un imprimé de demande de retraite personnelle vous sera alors renvoyé. Il est conseillé

■ Exemple de calcul de pension entière

Monsieur V. est âgé de de 60 ans. Son salaire annuel de base s'élève à 90 000 F. Monsieur V. a cotisé pendant 151 trimestres au régime général de la Sécurité sociale.

Monsieur V. va bénéficier du taux maximum : 50 %

Le montant de sa pension annuelle est :

$$90\,000\ F \times \frac{50}{100} \times \frac{150}{150} = 45\,000\ F$$

■ Exemple de calcul de pension proportionnelle

Madame E. est âgée de 60 ans. Son salaire annuel de base s'élève à 90 000 F. Madame E. a cotisé 151 trimestres à deux régimes :
— 120 trimestres au régime général ;
— 31 trimestres au régime des commerçants.

Madame E. bénéficie du taux maximum (50 %) car elle a cotisé au total 151 trimestres.

Le nombre de trimestres à retenir pour le calcul est la durée accomplie au régime général, soit 120 trimestres.

Le montant de sa pension annuelle est :

$$90\,000\ F \times \frac{50}{100} \times \frac{120}{150} = 36\,000\ F$$

À ce montant s'ajoutera sa retraite de commerçante.

■ Modèle de lettre pour demander un relevé de carrière à la Sécurité sociale

Carole LEBLANC   A ...   Le ...
5, rue des Tilleuls
59... LILLE

　　　　　　　à CRAM, Branche Vieillesse
　　　　　　　adresse... ❶

N° de S.S. : 2 40 04 50 ...
nom de naissance : DUFORT ❷
nom d'épouse : LEBLANC
prénoms : <u>Carole</u>, Marie, Jeanne
née le 6 avril 1940
　　à SAINT-LÔ (Manche)

Messieurs,

Je vous prie de bien vouloir me faire parvenir mon relevé de carrière. ❸

Je vous en remercie à l'avance.

Veuillez agréer l'expression de mes meilleurs sentiments.

　　　　　　　(signature)

　　　　　　　C. LEBLANC

1. A adresser à la caisse de Sécurité sociale dont vous dépendez.

2. Toujours indiquer son numéro de Sécurité sociale et ses prénoms et nom au complet.

3. Cette demande de relevé peut être faite plusieurs années avant l'âge de la retraite et permet d'estimer le montant futur de la retraite et de vérifier que tout a été pris en compte.

FAMILLE

TRAVAIL

ADMINISTRATION

LOGEMENT

TRANSPORT

VIE PRATIQUE

La retraite complémentaire

À la pension de vieillesse de la Sécurité sociale et du régime agricole salarié s'ajoute la retraite complémentaire. Les caisses de retraite complémentaire ont pris naissance en 1945 mais elles n'ont été rendues obligatoires que depuis décembre 1972. La retraite complémentaire n'est pas accordée automatiquement ; vous devez en faire la demande.

■ À quelle caisse de retraite complémentaire êtes-vous affilié ?

La caisse d'affiliation dépend de l'activité de l'entreprise et de votre qualification en tant que salarié. La cotisation est obligatoire depuis le 1/1/1973.

■ À quel âge pouvez-vous bénéficier de la retraite complémentaire ?

L'âge normal est de 65 ans. Néanmoins il est possible d'en bénéficier à partir de 60 ans :
☐ soit avec un coefficient d'abattement ;
☐ soit à taux plein pour les salariés inaptes au travail, pour les anciens combattants, pour les ouvrières mères de famille (sous certaines conditions) ou pour les salariés qui ont 150 trimestres de cotisation tous régimes confondus. (Ce nombre peut varier entre 150 et 160 selon votre année de naissance.)

■ Quel est le montant de la retraite complémentaire ?

La cotisation donne un certain nombre de points. Ce nombre de points est égal à la division du salaire par un salaire de référence. Chaque point a une valeur qui est généralement revalorisée chaque année. Le nombre de points multiplié par cette valeur donne le montant de la retraite.
Par exemple, pour une carrière complète (40 ans d'activité, progression de salaire modérée, cotisation à 5 %), un ancien salarié touchera de 75 % à 83 % du dernier salaire net (50 % de pension de vieillesse versée par la Sécurité sociale plus 25 à 33 % de retraite complémentaire).

■ Quelles sont les démarches à effectuer ?

Adressez-vous, 6 mois avant la date prévue de votre départ en retraite, à votre caisse de retraite complémentaire ou à un CICAS (Centre d'information et de coordination de l'action sociale) pour y retirer un dossier de demande de retraite complémentaire.
À partir de 55 ans, reconstituez votre carrière, et dès 58 ans demandez une évaluation de vos droits à la retraite. Adressez-vous au CICAS qui vous fournira la liste des différentes périodes d'emploi ainsi que de vos différents employeurs dont il a la connaissance. Cette liste peut comporter des « trous » ; périodes d'emploi non mentionnées. Il vous appartient de combler ces trous en fournissant des attestations. Même si vous n'avez pas cotisé durant ces « trous » fournissez quand même des attestations car vous aurez droit à des points de retraite gratuits.

■ La retraite complémentaire est-elle réversible ?

Elle est réversible à 60 % au conjoint ou à 50 % aux orphelins mineurs. Sous certaines conditions, elle est réversible à l'ex-conjoint non remarié.

1 La retraite de base est égale à 50 % de la moyenne mensuelle des 10 meilleurs salaires annuels perçus au cours de la carrière. Le nombre d'années peut varier entre 10 et 24 selon votre année de naissance.

2 Les points acquis avant la forte augmentation de salaire ne sont pas revalorisés comme le salaire. Ainsi la différence est grande entre le dernier salaire et le montant de la retraite.

PROFILS DE CARRIÈRE

CHRISTOPHE CLÉMENT

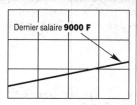

Dernier salaire **9000 F**

SYLVIE PERRAULT

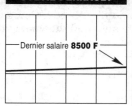

Dernier salaire **8500 F**

JEAN-CHARLES CASTEL

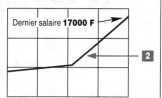

Dernier salaire **17000 F**

2

CHRISTOPHE CLÉMENT
a eu une carrière
normalement
ascendante.

1 ➤ Retraite de base +
complémentaire = **80 %**
du dernier salaire net
soit 7200 F

SYLVIE PERRAULT
a peu progressé.

Retraite de base
+ complémentaire
= **85 %** du dernier
salaire net
soit 7225 F

JEAN-CHARLES CASTEL
a eu une augmentation de
salaire très forte
en fin de carrière.

Retraite de base +
complémentaire = **70 %**
du dernier salaire net
soit 11900 F

Christophe Clément, Sylvie Perrault, Jean-Charles Castel
ont travaillé tous les trois pendant 40 ans
dans des entreprises
qui cotisent au taux de 5 %.

Document A.R.R.C.O.

FAMILLE
TRAVAIL
ADMINISTRATION
LOGEMENT
TRANSPORT
VIE PRATIQUE

La retraite de réversion

La retraite de réversion est le fait de bénéficier d'une partie de la pension que percevait ou aurait pu percevoir votre conjoint ou votre conjointe décédé. Comme toutes les retraites elle n'est pas accordée automatiquement ; vous devez en faire la demande.

■ Àquelles conditions pouvez-vous obtenir la retraite de réversion ?

Vous devez être veuf ou veuve, ou conjoint(e) d'un assuré disparu depuis plus d'un an ou conjoint(e) divorcé(e) non remarié(e) d'un assuré qui avait obtenu ou qui aurait pu obtenir une retraite.

Vous devez être âgé d'au moins 55 ans et avoir été marié au minimum 2 ans (cette durée est réduite s'il y a eu un enfant pendant la durée du mariage).

Sauf disposition contraire liée au régime des cotisations, vos ressources doivent être inférieures au SMIC.

■ Quel est le montant de la pension de réversion ?

Le montant est égal à 54 % de la pension que percevait ou qu'aurait perçu votre conjoint.

Si votre conjoint totalisait au moins 60 trimestres de cotisation au régime général de la Sécurité sociale, le montant de la retraite de réversion ne pourra pas être inférieur au minimum des pensions de réversion. Sinon, ce minimum est réduit selon le nombre de trimestres.

Le montant peut être majoré de 10 % si vous avez élevé ou eu au moins 3 enfants ou, sous certaines con ditions, d'un montant forfaitaire si vous avez un enfant à charge.

Votre pension de réversion peut se cumuler dans une certaine limite avec votre pension de retraite ou d'invalidité ou vos retraites personnelles tous régimes confondus.

■ Comment obtenir la pension de réversion ?

Vous pouvez vous procurer l'imprimé « Demande de retraite de réversion » en vous adressant à la Caisse régionale d'assurance maladie ou dans les centres d'information retraite. Au dossier vous devrez joindre une copie de l'acte de naissance de votre conjoint délivrée par la mairie de son lieu de naissance.

Cette copie doit comporter les mentions marginales. Vous adressez votre dossier à votre caisse de retraite ou à la caisse de retraite de votre conjoint s'il était retraité. La retraite de reversion est attribuée au plus tôt le premier jour du mois suivant le 55e anniversaire du conjoint survivant.

Si vous effectuez la demande dans les 12 mois qui suivent le décès le point de départ de votre pension sera fixé au premier jour du mois suivant le décès. Sinon il sera fixé au premier jour du mois suivant votre demande.

■ Remarque

La pension de réversion peut être partagée entre plusieurs conjoints non remariés, proportionnellement à la durée de chaque mariage.

■ Les règles du cumul

La pension de réversion est cumulable avec la ou les retraites personnelles dont est bénéficiaire le conjoint survivant dans la limite :

☐ de 52 % du total des retraites de l'époux ;
☐ d'un forfait correspondant à 73 % maximum des pensions personnelles.

DEMANDE DE RETRAITE DE RÉVERSION

RENSEIGNEMENTS CONCERNANT LE CONJOINT DÉCÉDÉ OU DISPARU

Votre conjoint était-il salarié ?   OUI ☐ NON ☐ Si OUI, jusqu'à quelle date ? |__|__|__|__|__|__|

Votre conjoint percevait-il une pension d'invalidité ?   OUI ☐ NON ☐

Si OUI, indiquez le nom de la caisse qui l'a attribuée :

NOM DE LA CAISSE	
ADRESSE DE LA CAISSE	|__|__|__|__|__|
N° DE PENSION	

Votre conjoint avait-il appartenu à un autre régime français ?   OUI ☐ NON ☐

Si OUI, complétez les zones ci-dessous :

Régime local d'Alsace-Lorraine avant le 1er Juillet 1946 OUI ☐	Régime des salariés agricoles OUI ☐	Autres régimes des salariés : fonctionnaires, marins, mines, SNCF, EDF-GDF, etc. OUI ☐	Régime de non salariés, commerçants, artisans, industriels, professions libérales, exploitants agricoles. OUI ☐

PÉRIODES	du au	du au	du au	du au
NOM DE L'ORGANISME				
ADRESSE DE L'ORGANISME	|__|__|__|__|		|__|__|__|__|	
N° DE COTISANT				
N° DE PENSION				
DATE D'ATTRIBUTION				
PÉRIODES	du au	du au	du au	du au
NOM DE L'ORGANISME				
ADRESSE DE L'ORGANISME	|__|__|__|__|		|__|__|__|__|	
N° DE COTISANT				
N° DE PENSION				
DATE D'ATTRIBUTION				

Pour le régime des fonctionnaires et assimilés, précisez :   le grade

FAMILLE
TRAVAIL
ADMINISTRATION
LOGEMENT
TRANSPORT
VIE PRATIQUE

Les impôts

Les impôts directs ou indirects sont des contributions versées à l'État ou aux collectivités locales, départementales ou régionales. Ils permettent aux organismes qui les reçoivent de fonctionner ou d'investir en créant des écoles ou en développant l'infrastructure routière par exemple.

■ Quels sont les différents impôts ?

Les impôts directs, c'est-à-dire :
☐ les impôts sur le revenu payés à l'État ;
☐ les impôts fonciers payés aux communes, départements, régions et autres ;
☐ la taxe d'habitation payée aux communes, départements, régions et autres ;
☐ la CSG, contribution sociale généralisée ; impôt à la source, c'est-à-dire prélevé sur le salaire brut ;
☐ la CRDS, Contribution au Remboursement de la Dette Sociale, prélevée également sur le salaire brut.
Les impôts indiretcs, c'est-à-dire :
☐ la TVA, taxe sur la valeur ajoutée ;
☐ la vignette automobile ;
☐ les droits d'enregistrement ;
☐ les droits de timbre.
Tous ces impôts indirects sont payés à l'État.

■ Quand doit-on payer ces impôts ?

Les impôts sur le revenu se paient :
☐ par tiers : une première partie pour le 15 février, une deuxième partie pour le 15 mai et la dernière partie en fin d'année ;
☐ par mois si on en fait la demande.
Les impôts fonciers se paient une fois par an en fin d'année :
☐ vous paierez la totalité des impôts fonciers si vous êtes propriétaires de votre habitation ;
☐ vous ne paierez qu'une partie (la taxe d'enlèvement des ordures ménagères) de ces impôts si vous êtes locataire.
La taxe d'habitation se paie une fois par an en fin d'année ou par mois.

La TVA est prélevée sur tout ce que l'on achète.
La vignette automobile se paie au mois de novembre (avant le 1er décembre).
Les droits d'enregistrement se paient lors :
☐ de l'achat d'une habitation ;
☐ d'une succession ;
☐ de la signature d'un bail…
Les droits de timbre se paient sur :
☐ les passeports ;
☐ les quittances de loyer…

1 La taxe d'habitation doit être payée en totalité par la personne qui occupe un logement au 1er janvier de l'année indiquée.

2 Nom et adresse de la personne qui doit payer la taxe d'habitation.

3 Le logement est situé dans le département, la commune et la rue indiqués.

4 Différents organismes se partagent la taxe d'habitation.

5 La valeur locative brute est calculée d'après les caractéristiques de votre logement : superficie, confort, état, situation…

6 Ce sont les différents organismes (commune, département…) qui fixent l'abattement.

7 On calcule les frais de gestion en multipliant le total des cotisations par :
- 4, 4 % si ce logement est votre habitation principale ;
- 8 % si ce logement est votre habitation secondaire.

DOCUMENT

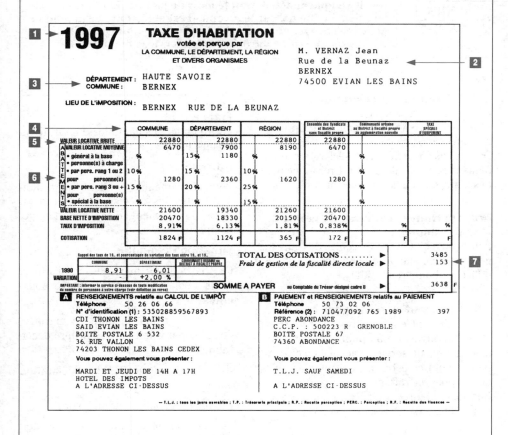

À l'adresse indiquée en A sur le document, vous pouvez :

– vous renseigner sur la façon dont a été calculée votre taxe d'habitation ;

– présenter une réclamation s'il y a une erreur (dans le nombre de personnes à charge par exemple) ; si vous avez le droit à une réduction sur cet impôt.

Remarque : si vous n'avez reçu aucune réponse avant la date limite de paiement, il faut payer la taxe en entier. L'administration vous remboursera ensuite la somme qu'elle a perçue en trop.

À l'adresse indiquée en B, on peut demander un délai de paiement en donnant des raisons précises : chômage, difficultés financières…

La feuille d'impôt

La feuille de déclaration de revenus est un document que l'on reçoit chaque année durant le mois de janvier. Elle sert de base au calcul de l'impôt sur le revenu. Il est obligatoire de la remplir et de la renvoyer au centre des impôts dont on dépend. Il arrive parfois qu'elle soit contrôlée par les services fiscaux.

Où retirer la déclaration ?

Elle est automatiquement envoyée en double exemplaire à votre domicile (état civil imprimé par ordinateur).
Dans le cas d'une première déclaration, d'un déménagement, elle est à retirer au centre des impôts ou dans certaines mairies.

Où trouver l'adresse du centre des impôts ?

Pour trouver l'adresse du centre des impôts on consulte l'annuaire téléphonique ou on utilise le Minitel (code 3611).

Comment se renseigner ?

Auprès du centre des impôts : voir jours et heures d'ouverture au public. Éventuellement auprès du service d'accueil de ce centre. Une notice est à disposition ainsi que des dépliants traitant de cas particuliers (mariage, divorce, enfants à charge, revenus divers, frais professionnels...).

Où envoyer la déclaration ?

Au centre des impôts dont dépend le domicile. L'envoi doit être correctement affranchi. Tout citoyen doit déclarer ses revenus même s'il n'a pas d'impôts à payer.

Quand envoyer la déclaration ?

La date limite d'envoi est en principe le 1er mars.

☐ Les retards sont pénalisés par une majotion de 10 %.

☐ Le double de l'exemplaire envoyé doit être conservé pendant trois ans.

1 État civil

Écrire en lettres capitales d'imprimerie (majuscules).

2 Adresse

Pour un immeuble collectif, HLM, donner toutes les précisions, numéro ou lettre de bâtiment, d'escalier, d'étage, d'appartement.

3 Situation de famille

Cas particulier : mariage dans l'année. Trois déclarations doivent être souscrites :

- du 1/01 jusqu'à la date du mariage, chaque époux doit faire sa propre déclaration ;

- du mariage au 31/12 : déclaration commune.

- Même procédure pour un divorce.

- En cas de décès, 2 déclarations doivent être souscrites dans les mêmes conditions.

4 Profession

Les professions, les noms et adresses des employeurs et le lieu d'exercice doivent être précisés.

5 Traitements, salaires

- Ne jamais porter les centimes.
- Les frais réels peuvent être portés mais ils doivent être justifiés.
- Les apprentis avec contrat ne déclarent qu'une partie de leur salaire.

DOCUMENT

1 ► ■ **VOTRE ETAT CIVIL** (écrivez en capitales d'imprimerie). Pour l'épouse : lignes A, B et C

- Nom, prénom **1** M, ~~MME~~, ~~MLE~~ Doucet
  (du mari rayez les mentions inutiles   nom
  pour un couple) Pierre
                          prénom

- Nom d'usage **2**
  (facultatif)

- Date de naissance **3** |0.4|1.1|1.9.4.8| Lieu de naissance **4** |4.5| Orléans
                                                                            dépt.   commune

- Si vous êtes veuve | Nom de naissance et prénom **5**
  divorcée ou séparée

- Épouse | Nom de naissance et prénom . . . . **A** | AURAT Colette
  | Date de **B** |1.5|0.7|1.9.5.4| Lieu de naissance **C** |3.6| CHATEAUROUX
  | naissance   dépt.   commune

2 ► ■ **VOTRE ADRESSE AU** Si vous souscrivez la déclaration ☐   Si vous êtes logé à titre gratuit ☐
  1er JANVIER 1990 pour la première fois, cochez   (par ex. chez vos parents), cochez

- Bâtiment, appartement . . **6** RÉS. HAUTEVILLE   BAT. **K**   ESC. **B**   ÉTAGE **3**   APP. N° **12**
- N° et nom de la rue . . . **7** N° 29, rue Voltaire
- Ville et code postal . . . ♦ CODE POSTAL |3.7.0.0.0| COMMUNE de domicile TOURS   COMMUNE de rattachement le cas échéant

3 ► **A** SITUATION DE FAMILLE EN 1989. (voir notice, p. 5 à 7)

COCHEZ LA CASE, CORRESPONDANT A VOTRE SITUATION ▼

Mariés : . . . . ☒M
Célibataire (ou vivant en union libre) : . . . . ☐C
Divorcé(e) ou séparé(e) : . . . . ☐D
Veuf ou veuve : . . . . ☐V
A

- Vous avez [ou, dans un couple marié, le mari a] une pension d'invalidité d'au moins 40 % [militaire ou d'accident du travail] ou une carte d'invalidité d'au moins 80 %. ☐P
  n° et date de la carte
- L'épouse remplit une des conditions ci-dessus. ☐F
  n° et date de la carte
- Vous êtes mariés et vous ou votre épouse avez plus de 75 ans et êtes titulaire de la carte du combattant (voir notice p. 7) . . . . ☐S

- **Nom et prénom de vos enfants et des autres personnes comptés à charge**
  DOUCET SOPHIE
  DOUCET JULIEN

4 ► PROFESSION OU QUALITE. Noms et adresses des employeurs ou des organismes payeurs. Lieu d'exercice de l'activité.

VOUS : AGENT D'ENTRETIEN
COLLEGE JULES FERRY - TOURS

CONJOINT : CAISSIÈRE
SUPERMARCHÉ LEDOUX - TOURS

PERSONNES A CHARGE :
(Précisez les prénoms)

Professions non salariées : si vous déposez une déclaration de résultats, cochez ▼

5 ► • **1 TRAITEMENTS, SALAIRES** ▮ Ne portez jamais les centimes. Ne déduisez aucun abattement.

	VOIR NOTICE P. 9 à 11	Vos salaires, droits d'auteur, avantages en nature et indemnités journalières (faites le total)	Frais réels (donnez la liste détaillée à la page 6 de la déclaration)	Montant des salaires inscrits colonne J bénéficiant d'une déduction supplémentaire					Montant des droits d'auteur inscrits colonne J bénéficiant de la déduction supplémentaire
						Taux		Taux	
VOUS	**A**	J 85 876	K	L	M| || N	P| || R
CONJOINT	**B**	J 72 358	K	L	M| || N	P| || R
PERSONNES A CHARGE indiquez leurs noms et prénoms ▼	**C**	J	K	L	M| || N	P| || R
	D	J	K	L	M| || N	P| ||
	E	J	K	L	M| || N	P| ||
	F	J	K	L	M| || N	P| ||

FAMILLE

TRAVAIL

ADMINISTRATION

LOGEMENT

TRANSPORT

VIE PRATIQUE

Le service national

Le service national est obligatoire pour les jeunes de nationalité française, les bénéficiaires du droit d'asile, les apatrides ou ceux qui ont la double nationalité. Faire les démarches en temps utile est indispensable.

■ Que devez-vous faire dès vos 16 ans ?

Vous devez vous faire recenser. Présentez-vous à la mairie de votre domicile muni de votre livret de famille ou d'une fiche familiale d'état civil, de votre carte d'identité ou de votre passeport. Une attestation de recensement vous sera remise. Gardez-la ; elle peut vous être utile pour vous présenter à un concours ou examen soumis au contrôle de l'autorité publique (permis de conduire, CAP, BEP, BAC…).

Si vous avez été naturalisé entre 16 et 25 ans, vous devez vous faire recenser dès la naturalisation acquise ou notifiée.

■ Quand serez-vous convoqué à la journée d'appel de préparation à la défense ?

Cette journée a lieu avant l'âge de 18 ans. Trois mois avant votre appel, vous recevrez un avis vous proposant trois dates de convocation (normalement un samedi). Choisissez la date qui vous convient dans le mois qui suit et informez-en votre Bureau du Service National. Vous recevrez ensuite votre ordre d'appel dix jours avant celui de la convocation.

■ Que ferez-vous au cours de cette journée ?

Vous serez accueilli et remplirez quelques formalités administratives. On vous présentera ensuite les enjeux, les objectifs, l'organisation de la défense nationale ainsi que les métiers et les différentes participations (volontariat, préparation militaire, réserve) proposés par celle-ci. Ce sera aussi l'occasion de faire une évaluation de vos acquis.

À l'issue de la journée, on vous remettra un certificat de participation indispensable ainsi que l'attestation de recensement pour vous présenter à certains concours ou examens.

ADRESSES UTILES

■ Carte des bureaux du service national dont dépend votre département

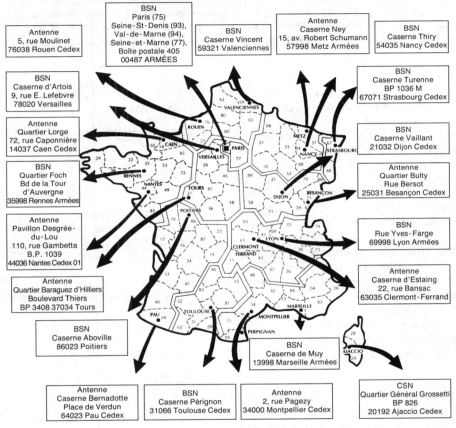

Antenne
5, rue Moulinet
76038 Rouen Cedex

BSN
Paris (75)
Seine-St-Denis (93),
Val-de-Marne (94),
Seine-et-Marne (77),
Boîte postale 405
00487 ARMÉES

BSN
Caserne Vincent
59321 Valenciennes

Antenne
Caserne Ney
15, av. Robert Schumann
57998 Metz Armées

BSN
Caserne Thiry
54035 Nancy Cedex

BSN
Caserne d'Artois
9, rue E. Lefebvre
78020 Versailles

BSN
Caserne Turenne
BP 1036 M
67071 Strasbourg Cedex

Antenne
Quartier Lorge
72, rue Caponnière
14037 Caen Cedex

BSN
Caserne Vaillant
21032 Dijon Cedex

BSN
Quartier Foch
Bd de la Tour
d'Auvergne
35998 Rennes Armées

Antenne
Quartier Bulty
Rue Bersot
25031 Besançon Cedex

Antenne
Pavillon Desgrée-
du-Lou
110, rue Gambetta
B.P. 1039
44036 Nantes Cedex 01

BSN
Rue Yves-Farge
69998 Lyon Armées

Antenne
Quartier Baraguez d'Hilliers
Boulevard Thiers
BP 3408 37034 Tours

Antenne
Caserne d'Estaing
22, rue Bansac
63035 Clermont-Ferrand

BSN
Caserne Aboville
86023 Poitiers

BSN
Caserne de Muy
13998 Marseille Armées

Antenne
Caserne Bernadotte
Place de Verdun
64023 Pau Cedex

BSN
Caserne Pérignon
31066 Toulouse Cedex

Antenne
2, rue Pagezy
34000 Montpellier Cedex

CSN
Quartier Général Grossetti
BP 826
20192 Ajaccio Cedex

◆ Départements et Territoires d'Outre-Mer

98800 Papeete

BP 415
97159 Pointe-à-Pitre

BP 28
98500 Nouméa

Quartier Gerbault
97261 Fort-de-France

◆ Recensés dans les pays étrangers

Caserne Mangin
BPM 910, 66020 Perpignan

Caserne Lambert
97405 Saint-Denis-de-la-Réunion

97300 Cayenne

Tiré de « Le service national et vous »
Dossier d'information n° 89.

73

FAMILLE

TRAVAIL

ADMINISTRATION

LOGEMENT

TRANSPORT

VIE PRATIQUE

Le certificat de nationalité française

Le certificat de nationalité française est un document administratif délivré par le président du tribunal d'instance du domicile du demandeur. Il prouve votre nationalité. On l'obtient très facilement sur demande.

■■■ Où faut-il aller pour obtenir un certificat de nationalité française ?

Pour obtenir un certificat de nationalité française, il faut se rendre au tribunal d'instance du lieu du domicile.

Le certificat de nationalité française est remis gratuitement, dans un délai d'une semaine à plusieurs mois, selon les cas.

Il reste valable trois mois.

■■■ Quand faut-il fournir un certificat de nationalité française ?

On peut vous demander un certificat de nationalité française, par exemple, en cas :

☐ d'inscription à un examen ;

☐ de perte de carte d'identité ;

☐ de demande de retraite ;

☐ de voyage à l'étranger, etc.

---

1 Ceci est le modèle le plus courant. Il existe cependant des cas très différents.

2 Adresse complète du tribunal d'instance qui délivre le certificat de nationalité française.

3 Cela peut être par exemple :
- un livret de famille ;
- une copie intégrale de l'acte de naissance de l'intéressé(e) ;
- une copie intégrale de l'acte de naissance de l'époux(se), etc.

4 On note le nom et le prénom de la personne qui demande le certificat de nationalité française.

5 Adresse complète : numéro, rue, ville, code postal.

6 La date de naissance sera écrite en toutes lettres.
La ville de naissance sera notée ensuite.

7 On note :
- le nom et le prénom du père ;
- sa date de naissance écrite en toutes lettres ;
- sa ville de naissance.

8 On note :
- le nom de jeune fille et le prénom de la mère ;
- sa date de naissance écrite en toutes lettres ;
- sa ville de naissance.

9 On cite ici le numéro de l'article du code de la nationalité française.

10 On explique ici pourquoi la personne est de nationalité française. Par exemple : « de deux parents qui eux-mêmes y sont nés ».
Cette nationalité peut aussi avoir été obtenue après une demande d'acquisition de la nationalité. De 1946 à 1955, 499 000 étrangers sont ainsi devenus français ; de 1956 à 1965, 326 000 ; de 1966 à 1975, 385 000 ; de 1976 à 1985, 474 000 ; de 1986 à 1990, 286 000.

11 La date sera écrite en toutes lettres.

12 Signature du juge d'instance.

Tribunal d'instance

de GRENOBLE

Certificat de nationalité française ← **1**

Modèle courant
Demandeur né en France

2 → Adresse complète *117 rue des Alliés* **38 100 GRENOBLE**

Registre d'ordre n°

3 → Le juge du tribunal d'instance certifie au vu des pièces suivantes :

....
....
....

que (nom de l'intéressé)

4 → *Monsieur Julien ROZES*

demeurant à :

5 → *2 rue de la Chartreuse*
38 130 ECHIROLLES

né(e) (date et lieu)

6 → *le dix-huit janvier mille neuf cent cinquante-huit*
à MUNSTER (Haut-Rhin).

de (nom, date et lieu de naissance du père)

7 → *Monsieur Etienne ROZES*
né le vingt-cinq décembre mille neuf cent vingt-huit
à FLEURANCE (Gers.)

et de (nom, date et lieu de naissance de la mère)

8 → *Madame Emilie GUIGNOU*
née le huit février mille neuf cent trente-deux
à FOIX (Ariège.)

est français, en vertu de l'article :

9 → ....

comme né(e) en France :

10 → ....

11 → Au tribunal d'instance, le   Le juge d'instance ← **12**

....
....

FAMILLE
TRAVAIL
ADMINISTRATION
LOGEMENT
TRANSPORT
VIE PRATIQUE

La fiche individuelle d'état civil

La fiche individuelle d'état civil est un document administratif qui atteste l'état civil d'un individu, c'est-à-dire son nom, sa date de naissance et sa filiation. Elle est nécessaire dans de nombreuses situations de la vie quotidienne.

▄▄▄ Comment obtenir une fiche individuelle d'état civil ?

Pour obtenir une fiche individuelle d'état civil, il faut se rendre dans n'importe quelle mairie avec :
- ☐ son livret de famille, ou
- ☐ sa carte nationale d'identité, ou
- ☐ son passeport.

On vous donnera immédiatement et gratuitement cette fiche individuelle d'état civil.
Remarque : une fiche individuelle d'état civil ne reste valable que trois mois.

▄▄▄ Quand peut-on vous demander une fiche individuelle d'état civil ?

On peut vous demander une fiche individuelle d'état civil à l'occasion :
- ☐ d'un mariage ;
- ☐ d'une demande d'extrait de casier judiciaire ;
- ☐ d'une inscription à un examen ;
- ☐ d'une inscription au permis de conduire ;
- ☐ d'une demande de retraite ;
- ☐ d'une naturalisation ;
- ☐ d'une demande pour poursuivre ses études dans l'enseignement supérieur ;
- ☐ d'une demande de dispense du service national, etc.

▄▄▄ Qu'indique une fiche individuelle d'état civil ?

Une fiche individuelle d'état civil peut indiquer la nationalité. Dans ce cas, la demande s'effectue à l'aide de la carte nationale d'identité.
Une fiche individuelle peut se limiter à l'état civil d'un individu, c'est-à-dire qu'elle précise son nom, sa date de naissance et les noms, s'ils sont connus, de ses parents, sans évoquer la nationalité.

La fiche d'état civil peut préciser également la situation familiale du demandeur : s'il est marié, veuf ou divorcé. Toutefois cette rubrique est aujourd'hui en partie inadaptée. En effet 1 700 000 couples vivent en concubinage alors qu'en 1975 ce chiffre ne dépassait pas les 450 000. Parallèlement le nombre des mariages a chuté : 280 000 mariages ont été célébrés en 1991 alors qu'ils furent 417 000 en 1972.

---

1 Nom de la personne qui demande la fiche individuelle d'état civil.

2 Prénoms de la personne qui demande la fiche individuelle d'état civil.

3 Date à laquelle est né le demandeur.

4 Ville dans laquelle est né le demandeur.

5 Département dans lequel est né le demandeur.

6 Nom du père du demandeur.

7 Prénoms du père du demandeur.

8 Nom de jeune fille de la mère du demandeur.

9 Prénoms de la mère du demandeur.

10 Signature du demandeur.

11 Il faut cocher la case qui correspond à la situation du demandeur.

12 Nom et prénoms de l'époux(se) de la personne qui demande la fiche individuelle d'état civil.

ORGANISME DESTINATAIRE
Désignation et adresse

Timbre ou cachet
de l'organisme certificateur

FICHE INDIVIDUELLE D'ÉTAT CIVIL
et de nationalité française [1]

dressée en application des décrets des 26 septembre 1953, 22 mars 1972 et 15 mai 1974. Arrêtés des 22 mars 1972 et 15 mai 1974 et arrêté du 9 janvier 1989 (J.O. du 25 janvier 1989)

Nota. — La fiche est établie sur présentation :
- pour l'état civil, de l'extrait d'acte de naissance ou du livret de famille
- pour la nationalité française, de la carte nationale d'identité en cours de validité.

A la demande de l'intéressé(e), il peut être établi soit une fiche séparée pour chaque membre de la famille (fiche individuelle), soit une fiche collective (fiche familiale). Pour valoir certificat de vie, de non-divorce ou de non-séparation de corps, les mentions non décédé(e), non divorcé(e), non séparé(e) de corps devront, selon les cas, figurer expressément sur la fiche en regard de la personne intéressée.

NOM **GAUTHIER** ◄ **1**
Nom de jeune fille, pour les femmes mariées, veuves ou divorcées. En lettres capitales

Prénoms **Paul Emile Victor** ◄ **2**
Au complet dans l'ordre de l'état civil

né le **10 décembre 1936** ◄ **3**
Le mois doit être inscrit en toutes lettres

à **FOIX (Ariège)** ◄ **4 5**
Commune et département. Pour Paris, Lyon et Marseille, indiquer l'arrondissement

de M **GAUTHIER Vincent Rémi François** ◄ **6 7**
Nom et prénoms du père

et de M **GALLOIS Josiane Béatrice Valérie** ◄ **8 9**
Nom et prénoms de la mère

Époux ☐ épouse ☐ veuf ☒ veuve ☐ divorcé ☐ de : ◄ **11**

SAUTIER Simone Rose Berthe ◄ **12**
Nom du conjoint ou de l'ex-conjoint

En application de l'article 161 du code pénal, sera puni d'un emprisonnement de 6 mois à 2 ans et d'une amende de 600 F à 6 000 F, ou de l'une de ces deux peines seulement, quiconque aura sciemment établi ou fait usage d'une attestation ou d'un certificat faisant état de faits matériellement inexacts, ou qui aura falsifié ou modifié une attestation ou un certificat originair ment sincère.

(1) La mention « et de nationalité française » doit être rayée lorsque la fiche n'est pas établie au vu de la carte nationale d'identité

Certifié conforme :

☐ à l'extrait de l'acte de naissance n° _____
☒ au livret de famille,
☐ à la carte nationale d'identité
n° _____ délivrée le _____
par _____
LOUVION Caroline
Nom et qualité du préposé. Signature :

Je soussigné,

GAUTHIER Paul

certifie sur l'honneur l'exactitude des déclarations portées sur la présente fiche.

TARBES, le **06.03.93**
Signature

◄ **10**

77

FAMILLE
TRAVAIL
ADMINISTRATION
LOGEMENT
TRANSPORT
VIE PRATIQUE

La fiche familiale d'état civil

La fiche familiale d'état civil est un document administratif qui atteste l'état civil des membres de la famille. Établie également au vu des cartes d'identité, elle prouve la nationalité.

■■■ Comment obtenir une fiche familiale d'état civil ?

Pour obtenir une fiche familiale d'état civil, il faut se rendre dans n'importe quelle mairie avec son livret de famille. On vous donnera immédiatement et gratuitement cette fiche familiale d'état civil.

Remarque : une fiche familiale d'état civil ne reste valable que trois mois.

■■■ Quand peut-on vous demander une fiche familiale d'état civil ?

On peut vous demander une fiche familiale d'état civil à l'occasion :

☐ d'une demande d'allocation ;
☐ d'une demande de logement ;
☐ d'une demande de retraite ;
☐ d'un divorce ;
☐ d'une inscription dans une école ;
☐ du recensement pour les jeunes de 17 ans ;
☐ d'une demande de bourse d'études
☐ d'une demande de prêt.

■■■ Qu'indique une fiche familiale d'état civil ?

La fiche familiale d'état civil est une fiche collective qui précise l'identité, l'état civil de chaque membre de la famille. Il peut être établi une fiche individuelle pour chaque membre avec les mêmes indications. Une fiche d'état civil peut servir de certificat de vie, de non-divorce ou de non-séparation de corps. Elle précise alors que l'individu est non décédé, non divorcé, non séparé de corps. La France compte actuellement 12 070 000 couples mariés, 1 700 000 couples qui vivent en union libre.

Environ 100 000 couples divorcent chaque année et l'on compte 1,3 million d'enfants de moins de 19 ans qui ne vivent pas avec leurs deux parents présents au foyer.

---

1 Nom de la personne qui demande la fiche d'état civil.

2 Prénoms de la personne qui demande la fiche d'état civil.

3 Date à laquelle est né le demandeur.

4 Ville et nom du département dans lesquels est né le demandeur.

5 Nom et prénoms du père du demandeur.

6 Nom de jeune fille et prénoms de la mère du demandeur.

7 Date du mariage du demandeur.

8 Ville et département dans lesquels s'est marié le demandeur.

9 Nom et prénoms de l'époux(se) du demandeur.

10 Date de naissance de l'époux(se) du demandeur.

11 Ville et nom du département dans lesquels est né l'époux(se) du demandeur.

12 Ces indications figurent sur la carte d'identité de chaque personne concernée.

13 Prénoms de l'enfant du demandeur.

14 La mention M (masculin) est écrite si l'enfant est un garçon.
La mention F (féminin) si l'enfant est une fille.

15 Date à laquelle est né l'enfant.

16 Ville et nom du département dans lesquels est né l'enfant.

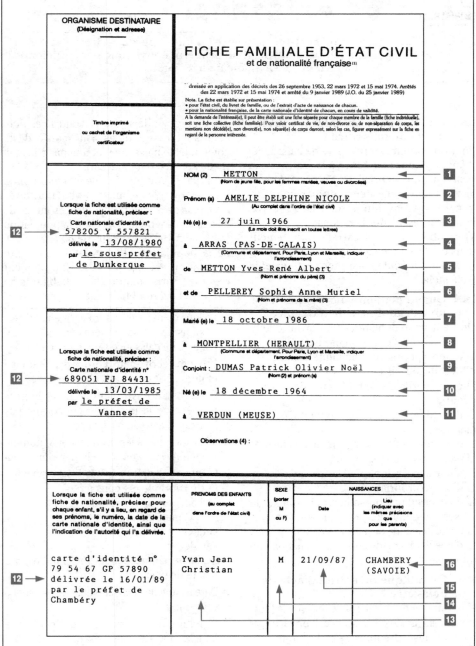

ORGANISME DESTINATAIRE
(Désignation et adresse)

Timbre imprimé
ou cachet de l'organisme
certificateur

FICHE FAMILIALE D'ÉTAT CIVIL
et de nationalité française[1]

dressée en application des décrets des 26 septembre 1953, 22 mars 1972 et 15 mai 1974. Arrêtés des 22 mars 1972 et 15 mai 1974 et arrêté du 9 janvier 1989 (J.O. du 25 janvier 1989)

Nota. La fiche est établie sur présentation :
• pour l'état civil, du livret de famille, ou de l'extrait d'acte de naissance de chacun.
• pour la nationalité française, de la carte nationale d'identité de chacun, en cours de validité.

A la demande de l'intéressé(e), il peut être établi soit une fiche séparée pour chaque membre de la famille (fiche individuelle), soit une fiche collective (fiche familiale). Pour valoir certificat de vie, de non-divorce ou de non-séparation de corps, les mentions non décédé(e), non divorcé(e), non séparé(e) de corps devront, selon les cas, figurer expressément sur la fiche en regard de la personne intéressée.

NOM (2) **METTON** ◄ **1**
(Nom de jeune fille, pour les femmes mariées, veuves ou divorcées)

Prénom (s) **AMELIE DELPHINE NICOLE** ◄ **2**
(Au complet dans l'ordre de l'état civil)

Né (e) le **27 juin 1966** ◄ **3**
(Le mois doit être inscrit en toutes lettres)

à **ARRAS (PAS-DE-CALAIS)** ◄ **4**
(Commune et département. Pour Paris, Lyon et Marseille, indiquer l'arrondissement)

de **METTON Yves René Albert** ◄ **5**
(Nom et prénoms du père) (3)

et de **PELLEREY Sophie Anne Muriel** ◄ **6**
(Nom et prénoms de la mère) (3)

Marié (e) le **18 octobre 1986** ◄ **7**

à **MONTPELLIER (HERAULT)** ◄ **8**
(Commune et département. Pour Paris, Lyon et Marseille, indiquer l'arrondissement)

Conjoint : **DUMAS Patrick Olivier Noël** ◄ **9**
(Nom (2) et prénom (s)

Né (e) le **18 décembre 1964** ◄ **10**

à **VERDUN (MEUSE)** ◄ **11**

Observations (4) :

Lorsque la fiche est utilisée comme fiche de nationalité, préciser :

Carte nationale d'identité n°
12 ► **578205 Y 557821**
délivrée le **13/08/1980**
par **le sous-préfet de Dunkerque**

Lorsque la fiche est utilisée comme fiche de nationalité, préciser :

Carte nationale d'identité n°
12 ► **689051 FJ 84431**
délivrée le **13/03/1985**
par **le préfet de Vannes**

Lorsque la fiche est utilisée comme fiche de nationalité, préciser pour chaque enfant, s'il y a lieu, en regard de ses prénoms, le numéro, la date de la carte d'identité, ainsi que l'indication de l'autorité qui l'a délivrée.

12 ► carte d'identité n°
79 54 67 GP 57890
délivrée le 16/01/89
par le préfet de
Chambéry

PRENOMS DES ENFANTS (au complet dans l'ordre de l'état civil)	SEXE (porter M ou F)	NAISSANCES	
		Date	Lieu (indiquer avec les mêmes précisions que pour les parents)
Yvan Jean Christian	M	21/09/87	CHAMBÉRY (SAVOIE) ◄ **16**

15 · **14** · **13**

FAMILLE
TRAVAIL
ADMINISTRATION
LOGEMENT
TRANSPORT
VIE PRATIQUE

L'extrait d'acte de naissance

> L'extrait d'acte de naissance est une copie du registre d'état civil tenu par les mairies. Il ne peut être délivré que par l'officier de l'état civil de la commune de naissance.

▰ Où aller pour obtenir un extrait d'acte de naissance ?

Pour obtenir un extrait d'acte de naissance, il faut se rendre ou écrire à la mairie de la commune qui a enregistré votre naissance. Si vous faites une demande par courrier, joignez une enveloppe timbrée avec vos nom et adresse pour la réponse.

Vous obtiendrez cet extrait gratuitement dans un délai de un à dix jours.

L'extrait d'acte de naissance reste valable trois mois.

▰ Quand peut-on vous demander un extrait d'acte de naissance ?

On peut vous demander un extrait d'acte de naissance à l'occasion par exemple :

□ d'une première demande de carte d'identité ou en cas de vol ou de perte ;

□ d'un mariage pour chacun des futurs époux ;

□ d'un divorce pour les enfants nés du mariage ;

□ d'une inscription au registre du commerce ;

□ de l'achat d'un logement ;

□ d'une succession ;

□ d'une expropriation ;

□ du décès d'une personne (pour obtenir le versement d'une pension de reversion).

□ d'une demande de naturalisation française ;

□ d'une demande de certificat de nationalité française.

▰ Qu'indique un extrait d'acte de naissance ?

L'extrait d'acte de naissance indique le jour, le mois et l'année de naissance. Il précise également les prénoms et le nom du demandeur ainsi que les prénoms et noms de son père et de sa mère. Toutes ces données sont rassemblées à la mairie de la commune de naissance (et non pas à la mairie de son lieu d'habitation).

La France compte 56 600 000 habitants. Dans ce total les femmes sont majoritaires avec plus de 51 % des effectifs. Les moins de 20 ans représentent 26,8 % de la population (34,1 % en 1967). Les plus de 65 ans 14,5 % de la population (12,4 % en 1967). Cette population est, par ailleurs, inégalement répartie : Paris compte 20 495 habitants au km^2 et la Lozère 14 habitants au km^2.

1 Le jour de naissance sera écrit en chiffres. Le mois de naissance sera écrit en lettres. L'année de naissance sera écrite en lettres.

2 Prénoms écrits dans l'ordre de l'état civil et nom écrit en majuscules.

3 Ici seront notés les prénoms et le nom du père de la personne concernée par l'extrait d'acte de naissance.

4 Ici seront notés les prénoms et le nom de jeune fille de la mère de la personne concernée par l'extrait d'acte de naissance.

5 Cette rubrique est consacrée :
- à l'adresse,
- au(x) mariage(s),
- au(x) divorce(s),
- au décès,
de la personne concernée par l'extrait d'acte de naissance.

6 Date à laquelle l'extrait d'acte de naissance est rempli.

7 Signature de l'officier de l'état civil de la mairie qui délivre l'extrait d'acte de naissance.

Département du

_____

Mairie de

_____

ÉTAT-CIVIL

EXTRAIT

des Registres aux Actes de Naissances

pour l'ANNÉE _____

═══════

ACTE de NAISSANCE

═══════

1 → *Le* _____

mil _____ *cent* _____

2 → *est né* _____

3 → *fil* *de* _____

4 → *et* *de* _____

demeurant à _____

5 →

_____

_____

_____

_____

_____

Pour extrait certifié conforme aux Registres de l'État-Civil et délivré gratuitement sur papier libre pour _____

_____

A _____ *, le* _____ ← **6**

_____ *mil neuf cent* _____

L'OFFICIER DE L'ÉTAT-CIVIL, ← **7**

FAMILLE

TRAVAIL

ADMINISTRATION

LOGEMENT

TRANSPORT

VIE PRATIQUE

L'extrait de casier judiciaire

L'extrait du casier judiciaire est une copie du casier judiciaire national. Il indique la situation de l'individu au regard de de la loi. Il est indispensable pour passer les concours qui débouchent sur une carrière dans la fonction publique.

▰ À qui faut-il demander un extrait de casier judiciaire ?

Pour obtenir un extrait de casier judiciaire, il faut écrire une lettre au :

☐ Casier judiciaire national
107 rue Landreau
44079 Nantes Cedex 01

si vous êtes né en France.

☐ Tribunal dont dépend votre lieu de naissance si vous êtes né dans un territoire d'outre-mer : Guadeloupe, Martinique, Réunion…

▰ Que faut-il joindre à la lettre de demande de casier judiciaire ?

Joignez à votre lettre :

☐ une fiche individuelle d'état civil ou une photocopie de votre carte nationale d'identité ;

☐ une enveloppe timbrée sur laquelle vous noterez votre nom et votre adresse.

▰ Combien de temps faut-il pour obtenir un extrait de casier judiciaire ?

Vous recevrez votre extrait de casier judiciaire environ quinze jours après avoir fait votre demande.

Cet extrait de casier judiciaire, qui est gratuit, reste valable trois mois.

▰ Qu'indique un extrait de casier judiciaire ?

L'extrait de casier judiciaire indique la situation d'un individu au regard de la loi.

☐ Lorsque l'on en fait la demande, c'est le troisième volet que l'on reçoit. Ce bulletin numéro 3 précise les condamnations à plus de deux ans de prison sans sursis et certaines interdictions ou incapacités.

☐ Sur le bulletin numéro 2 sont inscrites la plupart des condamnations (pour crime ou délit).

Il ne peut être demandé que par certaines autorités administratives pour des motifs limités :

- recrutement de fonctionnaires ;
- accès aux professions commerciales ;
- obtention d'une distinction honorifique…

☐ Le bulletin numéro 1 indique toutes les condamnations et décisions contenues dans le casier judiciaire.

Il n'est délivré qu'aux autorités judiciaires. Sur demande écrite, vous pouvez obtenir du procureur de la République du tribunal de votre résidence une communication verbale de son contenu.

---

1 Nom, prénoms et adresse de la personne qui demande un extrait de casier judiciaire.

2 Lieu et date à laquelle la lettre a été écrite.

3 Le casier judiciaire est un fichier national. Toutes les condamnations prononcées par la justice sont notées dans ce fichier.

4 Le bulletin numéro 3 est le seul qui peut être délivré personnellement. Vous ne pouvez pas réclamer celui :
- de votre époux(se) ;
- d'un enfant majeur ;
- d'une autre personne…

5 PJ signifie pièces jointes.
C'est la liste des documents que vous avez mis dans l'enveloppe avec votre lettre.

M. ROUSSEL André   Moulins, le 10/12/ ◄── **2**
1 ──► 18 Allée des Chênes
03000 MOULINS

                              Casier Judiciaire National
                              107 rue Landreau
                              44079 NANTES Cedex 01

        Monsieur,

        Je vous serais reconnaissant de bien vouloir me
faire parvenir un extrait de mon casier judiciaire, ◄── **3**
4 ──► bulletin numéro 3.

        Avec mes remerciements anticipés, je vous prie
d'agréer, Monsieur, l'expression de mes meilleurs
sentiments.

5 ──► P.J. une fiche individuelle d'état civil
        une enveloppe affranchie libellée à mon adresse

FAMILLE

TRAVAIL

ADMINISTRATION

LOGEMENT

TRANSPORT

VIE PRATIQUE

La carte nationale d'identité

La carte nationale d'identité est un document administratif établi et délivré par l'autorité préfectorale. Elle n'est pas obligatoire mais il est recommandé d'en posséder une pour faciliter les démarches administratives ou commerciales de la vie quotidienne.

▬ Quand peut-on vous demander votre carte nationale d'identité ?

On peut vous demander votre carte nationale d'identité par exemple :

☐ pour retirer de l'argent dans une banque ;

☐ pour passer une frontière ;

☐ pour retirer une lettre recommandée à la poste ;

☐ pour retirer une carte grise à la préfecture ou sous-préfecture ;

☐ quand vous payez par chèque bancaire chez un commerçant ;

☐ à la mairie où vous allez vous marier, au moment des formalités ;

☐ si vous vous inscrivez à l'ANPE, etc.

▬ Où demander une carte nationale d'idendité ?

Vous devez déposer votre demande de carte nationale d'identité à la mairie de votre domicile ou au commissariat de police.

Vous obtiendrez votre carte nationale d'identité environ quinze jours après avoir déposé votre demande.

Remarque : une carte nationale d'identité reste valable dix ans.

▬ Quelles sont les pièces à produire lors d'une demande de carte nationale d'identité ?

Selon les cas, on peut vous demander :

☐ votre livret de famille ;

☐ votre ancienne carte nationale d'identité ;

☐ un extrait d'acte de naissance ;

☐ le jugement de divorce ;

☐ un document prouvant votre nationalité française ;

☐ deux photographies d'identité de moins d'un an ;

☐ une autorisation du père, de la mère, du tuteur ou du parent ayant le droit de garde pour les jeunes qui ont moins de 18 ans ;

☐ la déclaration de perte de votre carte nationale d'identité ;

☐ deux justificatifs de domicile : facture EDF-GDF, quittance d'assurance, contrat de location…

1 Nom de famille de la personne qui demande la carte nationale d'identité. Nom de jeune fille pour les femmes mariées.

Remarque : tous les noms doivent être écrits en lettres majuscules.

2 Nom de leur époux pour les femmes mariées ou veuves.

Remarque : il ne faut pas compléter cette ligne si la femme mariée qui fait cette demande désire que seul son nom de jeune fille soit noté sur la carte nationale d'identité.

3 La rubrique « taille » est remplie par la mairie ou le commissariat de police.

4 Les prénoms doivent toujours être inscrits dans l'ordre de l'état civil.

On peut être français par :
– filiation si les deux parents sont français :
– naturalisation si l'on est étranger mais que l'on a obtenu la nationalité française en en manifestant la volonté ;
– réintégration si l'on a repris sa nationalité française après l'avoir quittée pendant plusieurs années.

Désormais, les enfants nés en France de parents étrangers acquerront automatiquement la nationalité à leur majorité s'ils résident en France à cette date et s'ils ont vécu sur le territoire natinal pendant une durée continue ou discontinue d'au moins cinq ans depuis l'âge de onze ans.

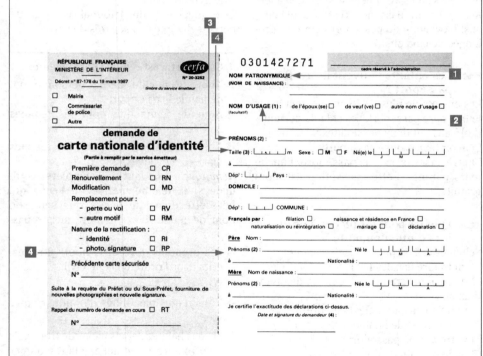

FAMILLE

TRAVAIL

ADMINISTRATION

LOGEMENT

TRANSPORT

VIE PRATIQUE

Le passeport

Le passeport demeure un document indispensable pour permettre de franchir les frontières de certains pays. Avant d'effectuer un voyage à l'étranger il est prudent de se renseigner pour savoir s'il est exigé. Dans ce cas, les démarches pour l'obtenir sont simples.

▬ Où demander un passeport ?

Vous devez déposer vobre demande de passeport à la mairie de votre domicile.

Vous obtiendrez votre passeport environ huit jours après avoir déposé votre demande.

Remarque : un passeport reste valable cinq ans. La validité du passeport peut être prolongée de cinq ans.

▬ Les enfants peuvent-ils avoir un passeport ?

Les enfants de plus de 15 ans doivent avoir leur propre passeport. Les enfants de moins de 15 ans ont deux possibilités :

☐ avoir leur propre passeport ;

☐ être inscrits sur le passeport d'un de leurs parents. Cette inscription est alors gratuite.

▬ Quelles sont les pièces à produire lors d'une demande

Selon les cas on peut vous demander :

☐ un timbre fiscal à 400 F ;

☐ deux photographies d'identité de moins d'un an ;

☐ votre carte nationale d'identité ;

☐ votre livret de famille ;

☐ votre ancien passeport ;

☐ un justificatif de domicile :

- facture EDF-GDF,

- facture de téléphone,

- quittance d'assurance,

- certificat d'imposition ou de non-imposition,

- quittance d'allocations familiales ou de Sécurité sociale,

- titre de propriété ou contrat de location.

En plus, pour les enfants, on peut vous demander :

☐ deux photographies d'identité par enfant de plus de sept ans ;

☐ le livret de famille ;

☐ le jugement du tribunal en cas de parents divorcés ou séparés de corps...

---

1 Cette partie est remplie par la mairie.

2 Nom de famille de la personne qui demande le passeport.

Nom de jeune fille pour les femmes mariées ou veuves.

3 Nom de leur époux pour les femmes mariées ou veuves.

Remarque : il ne faut pas compléter cette ligne si la femme mariée ou veuve qui fait cette demande désire que seul son nom de jeune fille soit noté sur le passeport.

4 Les prénoms doivent toujours être inscrits dans l'ordre de l'état civil.

5 Date et lieu de naissance.

6 Vous n'êtes pas obligé d'indiquer votre métier.

7 Si vous habitez depuis moins de trois mois à votre adresse actuelle, il faut indiquer aussi votre ancienne adresse.

8 Barrez la mention inutile.

On laisse la mention « Délivrance » s'il s'agit d'une première demande de passeport.

On laisse la mention « Renouvellement » si votre passeport n'est plus valable et que vous demandez un nouveau passeport.

DEMANDE DE PASSEPORT

DÉPARTEMENT DU NORD
PRÉFECTURE DE POLICE

FORMULAIRE SIMPLIFIÉ

DEMANDEURS EN POSSESSION
D'UN PASSEPORT, D'UNE CARTE NATIONALE D'IDENTITÉ
OU D'UN TITRE DE NATIONALITÉ

_____

DEMANDE DE PASSEPORT
DEMANDE DE RENOUVELLEMENT

NOM (1) _____
ÉPOUSE
VEUVE (2) _____
Prénoms _____
Né(e) le _____
à _____
Domicile _____

Taille _____ Couleur des yeux _____
Signes particuliers _____

◄ 1

DÉLIVRÉ
RENOUVELÉ (2) le _____
Établi initialement par _____
Le _____ n° _____
Agrafer la photo dans l'une ou l'autre case

2 ► NOM (1) _____
(en majuscules d'imprimerie)

3 ► ÉPOUSE, VEUVE (2) _____
(en majuscules d'imprimerie)

4 ► Prénoms _____
Né(e) le _____ à _____ **◄ 5**
Profession (4) _____ **◄ 6**
Résidant à _____, rue _____, n° _____ **◄ 7**
(3) _____
de nationalité française.

Je soussigné(e), sollicite (2) { la DÉLIVRANCE / le RENOUVELLEMENT } d'un passeport et demande l'inscription sur ce passeport **◄ 8**

des enfants de nationalité française mentionnés sur l'autorisation figurant (2) { en page 3. / ci-jointe.

Je certifie sur l'honneur l'exactitude des déclarations ci-dessus et ne pas être déjà en possession d'un autre passeport.

A _____ , le _____
Signature,

(1) Nom de jeune fille pour les femmes.
(2) Cette indication n'est pas à fournir dans le cas où le document est à établir au seul nom patronymique du requérant.
(3) En cas de résidence d'une durée inférieure à 3 mois, indiquer ici la résidence antérieure.
(4) Mention facultative.

C.E.R.F.A. N° 20-3204.

FAMILLE
TRAVAIL
ADMINISTRATION
LOGEMENT
TRANSPORT
VIE PRATIQUE

L'aide juridictionnelle

L'aide juridictionnelle est la prise en charge totale ou partielle par le Trésor public des frais d'avocat ou d'huissier occasionnés pour engager une procédure judiciaire (procès) ou une exécution notariale (expulsion). L'aide juridictionnelle n'est pas accordée automatiquement ; il faut la demander.

▦ Qui peut demander le bénéfice de l'aide juridictionnelle (AJ) ?

Le demandeur doit être de nationalité française ou ressortissant d'un État membre de la CE ou résider régulièrement en France ou encore bénéficier d'une convention internationale.

En outre, le demandeur doit justifier que la moyenne mensuelle de ses ressources est inférieure aux plafonds indiqués ci-dessous.

Moyenne mensuelle des ressources	Montant de la prise en charge
Inférieure à 4 758 F	100 %
De 4 759 à 4 975 F	85 %
De 4 976 à 5 245 F	70 %
De 5 246 à 5 624 F	55 %
De 5 625 à 6 056 F	40 %
De 6 057 à 6 596 F	25 %
De 6 597 à 7 136 F	15 %

Les plafonds de ressources ci-dessus sont majorés de 541 F par personne à charge.

▦ Quelles démarches faut-il accomplir pour obtenir l'AJ ?

Le demandeur doit se rendre au greffe du tribunal de grande instance (TGI) dont il dépend pour y retirer un dossier composé de deux formulaires : une demande d'AJ et une déclaration de ressources. Le dossier, une fois complété, peut être remis au greffe du TGI.

▦ Que se passe-t-il si la demande est rejetée ?

Quand le demandeur reçoit la lettre de notification de rejet des voies de recours lui sont proposées.

▦ Que se passe-t-il si la demande est acceptée ?

Le demandeur est informé du montant de la prise en charge. Il perd le bénéfice de l'AJ s'il ne saisit pas dans l'année d'admission la juridiction concernée. Après l'instance, si le demandeur gagne son procès et s'il perçoit des sommes qui font que le plafond considéré lors de la demande est dépassé, l'État peut demander le remboursement de l'AJ : Il doit fournir des renseignements précis sur lui-même, préciser s'il agit au nom d'une société. Il doit également préciser qui est son adversaire.

---

1 Le demandeur ne complète ce cadre que s'il connaît ses adversaires.

2 Renseignements concernant la demande. Le demandeur expose brièvement les faits et les raisons pour lesquels il demande l'AJ.

3 Renseignements complémentaires. Le demandeur ne complète que les rubriques qui le concernent.

4 Le demandeur ne complète cette rubrique que si son litige est déjà passé devant une juridiction.

5 Le demandeur ne remplit cette rubrique que s'il fait appel d'un jugement.

6 Le demandeur doit joindre un document écrit de la part de l'avocat, de l'huissier ou de l'avoué choisi attestant qu'il accepte de représenter le demandeur. A défaut, un auxiliaire de justice sera commis d'office.

II. — RENSEIGNEMENTS CONCERNANT VOTRE (ou VOS) ADVERSAIRE (S)
A compléter dans la mesure où vous les possédez

NOM SUIVI DU NOM DU CONJOINT (s'il y a lieu) OU RAISON SOCIALE	PRÉNOMS	ADRESSE
TURONNE	François	33 rue de l'Egalité 23110 Evaux les Bains

III. — RENSEIGNEMENTS CONCERNANT VOTRE DEMANDE D'AIDE JURIDICTIONNELLE

EXPOSÉ SOMMAIRE DES FAITS ET MOTIFS INVOQUÉS :

Le 3 septembre dernier, en rentrant de mon travail j'ai été renversé par une voiture. Le conducteur a pris la fuite. La police l'a retrouvé. Sérieusement blessé je demande des dommages-intérêts mais mes revenus ne me permettent pas de me faire assister par un avocat.

IV. — RENSEIGNEMENTS COMPLÉMENTAIRES

1) VOUS DEVEZ PRÉCISER :

Si vous demandez des dommages-intérêts
le montant de la somme réclamée :   8000 francs.

S'il s'agit d'une demande en divorce ou en séparation de corps

  — Le lieu de résidence de la famille;

ou — Si les époux ont des résidences distinctes, le lieu de la résidence de l'époux auquel ont été confiés les enfants mineurs.

ou — Dans les autres cas, le lieu où réside l'époux qui ne prend pas l'initiative de la demande;

ou — En cas de demande conjointe, le lieu où réside l'un ou l'autre époux.

S'il s'agit d'une action en réparation de dommages,
le lieu de l'accident ou de l'événement dommageable   Rue Neuve à TULLE

S'il s'agit d'un acte d'exécution tel que saisie, etc.,
le lieu où cet acte doit être effectué :

2) SI UNE JURIDICTION EST DÉJÀ SAISIE DE VOTRE LITIGE, VOUS DEVEZ INDIQUER :

la juridiction saisie :
les dates des décisions éventuellement prononcées :
la date de l'audience si elle vous a été notifiée.

3) SI VOUS VOULEZ FAIRE APPEL D'UN JUGEMENT, VOUS DEVEZ RÉPONDRE AUX QUESTIONS SUIVANTES :

Avez-vous reçu une copie du jugement ? (1)   OUI ☐   NON ☐
Si oui, à quelle date ?
et sous quelle forme ? (1)   ou   ☐ remise par un huissier de justice :
☐ réception par lettre recommandée :

4) DESIGNATION DES AUXILIAIRES DE JUSTICE

a) En cas d'appel d'un jugement :
nom de votre avocat en première instance
souhaitez vous bénéficier du même avocat ? OUI ☐   NON ☐
b) Je demande la désignation d'un avocat et/ou d'un huissier   ☒
c) Je choisis pour avocat Maître   ROLAND à Tulle
(joindre lettre d'acceptation de cet avocat)
d) Je choisis pour huissier Maître
(joindre lettre d'acceptation de cet huissier)
e) Je choisis pour avoué Maître
(joindre lettre d'acceptation de cet avoué)
f) Si un avocat est déjà constitué pour cette affaire, indiquez son nom, son adresse et le montant des sommes que vous avez déjà versées :

FAMILLE

TRAVAIL

ADMINISTRATION

LOGEMENT

TRANSPORT

VIE PRATIQUE

L'allocation supplémentaire du Fonds national de solidarité

L'allocation supplémentaire du Fonds national de solidarité est destinée aux retraités dont les revenus ne dépassent pas certains plafonds. Il faut en faire la demande.

▬ À quelles conditions pouvez-vous obtenir le FNS ?

Vous devez être âgé d'au moins 65 ans ou avoir entre 60 et 65 ans sous certaines conditions (inapte au travail, titulaire d'une pension au titre de déporté ou interné politique ou de la Résistance, ancien combattant ou prisonnier de guerre ou encore mère de famille ouvrière).

Vos ressources doivent être inférieures à 3 554,83 F pour une personne seule ou 6 226,66 F pour un ménage.

Vous devez enfin résider en France métropolitaine ou dans un département ou un territoire d'outre-mer.

▬ Quel est le montant du FNS ?

Le montant mensuel à taux plein s'élevait au 1/1/1998 à 2 026,25 F. Ce montant peut être réduit si le total de l'allocation et de vos ressources dépasse le total des ressources autorisées.

▬ Quelles démarches devez-vous effectuer ?

Vous devez demander l'imprimé de « Demande d'allocation du Fonds national de solidarité » auprès de la Caisse régionale d'assurance maladie dont vous dépendez ou auprès d'un Centre d'information retraite.

Votre allocation vous sera attribuée à la même date que votre retraite du régime général de la Sécurité sociale si vous en faites la demande dans les trois mois qui suivent le paiement de la première pension.

Sinon vous la percevrez le premier jour du mois suivant la date de réception de votre demande.

Remarque : les sommes perçues au titre du FNS sont récupérables lors de la succession. Elles ne sont récupérées que sur la partie de la succession qui dépasse 250 000 F.

1 Cochez les cases correspondantes et complétez si nécessaire.

2 NAT signifie accident du travail.

3 Cochez les cases correspondantes et complétez si nécessaire.

4 Renseignements identiques au 2.1 mais concernant le conjoint.

5 Si vous n'êtes pas propriétaire vous n'avez pas à remplir ce cadre.

6 Ces biens sont par exemple des maisons, des terrains...

7 Cochez la ou les cases correspondantes.

8 Cette déclaration est une déclaration sur l'honneur.

2 - DECLARATION DE VOS RESSOURCES ET DE CELLES DE VOTRE CONJOINT

2.1 - RENSEIGNEMENTS VOUS CONCERNANT
2.1.1 - SALAIRES OU REVENUS DE REMPLACEMENT

1

Avez-vous été salarié(e) au cours des 3 mois précédant cette demande ? OUI ❑ NON ❑   des 12 mois ?   OUI ❑ NON ❑
Si oui, indiquez le montant **total** de vos salaires avant retenue des cotisations (montant brut) figurant sur les bulletins de paie :

	TOTAL POUR LES 3 MOIS		TOTAL POUR LES 12 MOIS	
MONTANT		F		F

Avez-vous bénéficié de revenus de remplacement au cours des 3 mois ou 12 mois précédant cette demande ? **2** OUI ❑ NON ❑
Si oui, précisez la nature et les montants de ces revenus *(indemnités maladie ou AT et/ou allocations de chômage et/ou préretraites ?)*

	TOTAL POUR LES 3 MOIS		TOTAL POUR LES 12 MOIS	
NATURE				
MONTANT		F		F

2.1.2 - REVENUS PROFESSIONNELS NON SALARIES ET/OU AUTRES RESSOURCES   **3**

Avez-vous des ressources autres que celles déclarées ci-dessus ?   OUI ❑ NON ❑
Si oui, précisez la nature et les montants de ces ressources *(revenus professionnels non salariés, avantages en nature, pension alimentaire...)*

	TOTAL POUR LES 3 MOIS		TOTAL POUR LES 12 MOIS	
NATURE				
MONTANT		F		F

2.1.3 - PENSIONS, RETRAITES ET RENTES - ALLOCATION   Percevez-vous ou avez vous demandé :

L'allocation spéciale ou l'allocation aux adultes handicapés ?   OUI ❑ NON ❑   Une pension de veuve de guerre ? OUI ❑ NON ❑
L'allocation d'aide sociale ?   OUI ❑ NON ❑   Une pension d'invalidité ? OUI ❑ NON ❑
Le revenu minimum d'insertion ?   OUI ❑ NON ❑   Des rentes, pensions, retraites ? OUI ❑ NON ❑
Si oui, complétez les zones ci-dessous :

NOM DE L'ORGANISME				
MONTANT MENSUEL ACTUREL	F	Date d'attribution		Date d'attribution F
NOM DE L'ORGANISME				
MONTANT MENSUEL ACTUREL	F	Date d'attribution		Date d'attribution F

4 → ### 2.2 - RENSEIGNEMENTS CONCERNANT VOTRE CONJOINT

5 → ### 2.3 - NATURE ET VALEUR DES BIENS DONT VOUS ET/OU VOTRE CONJOINT ETES PROPRIETAIRE(S)

	NATURE DES BIENS (Terrains, titres, actions, obligations, maisons etc.)	VALEUR ACTUELLE	ADRESSE ET COMMUNE D'IMPOSITION DE CHAQUE BIEN DECLARE (s'il s'agit de terrains ou de maisons)
• COMMUNS AU MENAGE		F	
		F	

6 → ### 2.4 - BIENS AYANT FAIT L'OBJET D'UNE DONATION DEPUIS MOINS DE 10 ANS (autres que la maison que vous habitez)

7 → *Je demande l'allocation supplémentaire :*
Pour moi-même .... OUI ❑ NON ❑   *au titre de l'invalidité* .... OUI ❑ NON ❑   *de l'inaptitude au travail* .... OUI ❑ NON ❑
Pour mon conjoint .... OUI ❑ NON ❑   *au titre de l'invalidité* .... OUI ❑ NON ❑   *de l'inaptitude au travail* .... OUI ❑ NON ❑

8 → • *J'atteste sur l'honneur l'exactitude des présentes déclarations et je m'engage à vous faire connaître tout changement qui pourrait intervenir dans ma situation et celle de mon conjoint.*
• *Je joins mon dernier avis d'imposition ou de non imposition sur le revenu ou sa photocopie certifiée conforme.*
• *Je m'engage en outre à faciliter toute enquête et à faire connaître tout transfert de mon domicile à l'étranger.*
A .... *Le* ....
Signature du demandeur,   *Signature du conjoint,*

FAMILLE

TRAVAIL

ADMINISTRATION

LOGEMENT

TRANSPORT

VIE PRATIQUE

Le Revenu minimum d'insertion

Cette allocation, versée par les caisses d'allocations familiales sur avis favorable du préfet, est égale à la différence entre le montant des ressources et celui mensuel garanti.

▰▰ Qui peut bénéficier de l'allocation différentielle ?

Toute personne résidant en France, âgée de plus de 25 ans ou qui assume la charge d'au moins un enfant ou en attend un, peut bénéficier de l'allocation différentielle.

Elle doit avoir des ressources inférieures au minimum d'insertion applicable et s'engager à participer aux activités d'insertion qui lui sont proposées.

▰▰ Quelles sont les ressources prises en compte ?

Les ressources qui sont prises en compte comprennent l'ensemble des revenus de toute nature des personnes composant le foyer : salaires, pensions, prestations familiales (sauf l'allocation logement ou l'Aide personnalisée au logement), allocations chômage. Ces revenus doivent avoir été effectivement perçus pendant les trois mois précédant la demande d'allocation ou sa révision.

▰▰ Où et comment faire la demande ?

La demande peut être faite auprès :

☐ d'une assistante sociale de son quartier ;

☐ du centre communal ou intercommunal d'action sociale de sa résidence ;

☐ du service départemental d'action sociale ;

☐ d'une association ou d'un organisme agréé.

Un imprimé spécial « Demande de revenu minimum d'insertion » est à remplir. Le demandeur doit se munir d'une fiche d'état civil, des attestations des organismes servant les allocations, d'une déclaration des ressources et, le cas échéant, de sa carte de séjour.

▰▰ Quel est le montant de l'allocation ?

Le montant du RMI est fixé par décret et en principe réactualisé deux fois par an. Son montant est fonction de la composition de la famille. L'allocation versée est égale à la différence entre le RMI et les ressources de la personne seule ou du foyer. Le RMI donne droit à la couverture des risques maladie et maternité (pour vous et votre famille) ainsi qu'à l'allocation logement.

Sa durée initiale est de trois mois, durée au bout de laquelle un contrat d'insertion a dû être conclu. Au vu de ce contrat, le préfet prolonge le droit à l'allocation pour une durée de trois mois à un an.

1 Contrat d'insertion : il est établi en trois exemplaires.
   Le 1er à l'organisme instructeur.
   Le 2e à la Commission locale d'insertion.
   Le 3e au bénéficiaire du contrat.

2 Renseignements sur le demandeur et les personnes composant le foyer.

3 CLI signifie Commission locale d'insertion. Elle est composée d'élus et d'acteurs du terrain. Elle examine les actions et les contrats d'insertion.

4 Organisme auprès de qui la demande est faite.

5 En fonction du niveau de compétence, de formation ou de motivation du demandeur, un stage adapté est proposé : remise à niveau, alphabétisation ; remobilisation, formation pré-qualifiante puis qualifiante.

6 Cette durée peut être de trois, six mois ou un an.

CONTRAT D'INSERTION

R.M.I.

1 ──────────────────────────► **CONTRAT D'INSERTION**

ALLOCATAIRE :

Nom : ....   C.L.I. de : ◄──────────────────────────── **3**

Prénom : ....   Numéro du dossier : ....

2 ──► Date de naissance : ....   Organisme instructeur ◄·························· **4**

....

Autres personnes concernées (préciser : noms, prénoms et âge) : ....

Indiquer si l'une d'entre elles fait l'objet d'un contrat individuel annexé : ....
....

PROJETS ET ACTIONS PROPOSEES

1. Eléments du diagnostic de situation ayant fondé les choix : ....
....

5 ──► ....

2. Détail des actions proposées : ....
....
....

3. Moyens envisagés (Préciser, le cas échéant, le ou les organismes concernés) : ....
....
....

6 ──────────────────────────► **DUREE DU CONTRAT**

Du .... au .... soit .... mois

1. Si projet à moyen terme, préciser les étapes : ....
....

2. Précisions sur la durée et l'enchaînement des actions : ....
....
....

ORGANISME CHARGE DU SUIVI : ....

OBSERVATIONS DU SERVICE INSTRUCTEUR

....
....

Nom : .... Date : .... Signature :

OBSERVATIONS DU BENEFICIAIRE

....
....

Nom : .... Date : .... Signature pour accord :

OBSERVATIONS DE LA COMMISSION LOCALE D'INSERTION

....
....

Date d'examen par la C.L.I. : .... Signature, les présidents de la C.L.I. :

Exemplaire destiné à l'instructeur

FAMILLE

TRAVAIL

ADMINISTRATION

LOGEMENT

TRANSPORT

VIE PRATIQUE

Le vote

En tant que citoyen, on est appelé à élire des représentants. Pour pouvoir participer aux élections, il est nécessaire de posséder une carte d'électeur.

■■■ Qui peut voter ?

Toutes les personnes françaises et majeures, c'est-à-dire âgées de plus de 18 ans, peuvent voter, à l'exception des personnes malades mentales (à condition que la mairie ait reçu un avis de l'INSEE) ou ayant encouru certaines condamnations.

Remarque : le Vote n'est pas obligatoire en France.

■■■ Comment devenir électeur ?

Les jeunes de 18 ans ayant participé à la journée d'appel de préparation à la défense sont inscrits automatiquement sur les listes électorales. Si vous n'êtes pas dans ce cas :

☐ Il faut d'abord s'inscrire sur les listes électorales. Pour cela, il faut :

- se munir d'une pièce d'identité et d'un justificatif de domicile ;

- PUIS se rendre à la mairie proche de son domicile avant le 31 décembre.

☐ Vous recevrez ensuite une carte d'électeur que vous présenterez à chaque fois que vous irez voter. En cas d'oubli, une pièce d'identitéé peut faire l'affaire.

■■■ Comment voter ?

Le jour du vote :

1. prenez un exemplaire de chaque bulletin de vote ainsi qu'une enveloppe bleue ;
2. rendez-vous dans l'isoloir où vous mettrez l'un des bulletins de vote dans l'enveloppe ;
3. présentez votre carte d'électeur ;
4. présentez aussi une pièce d'identité si votre commune compte plus de 5 000 habitants ;
5. déposez votre enveloppe dans l'urne ;
6. signez le registre ;
7. récupérez votre carte d'électeur.

■■■ Qui peut-on élire ?

Les hommes politiques qui sont élus directement par nous sont élus au suffrage universel.

C'est le cas pour :

☐ le président de la République (élection présidentielle) ;

☐ les députés (élections législatives) ;

☐ les députés français au Parlement européen (élections européennes).

☐ les conseillers régionaux (élections régionales.

☐ les conseillers généraux (élections cantonales) ;

☐ les conseillers municipaux (élections municipales).

1 Numéro du département dans lequel se trouve la commune.

2 Nom de la commune dans laquelle vous vous inscrivez.

3 Vous serez inscrit sur la liste électorale à partir du 1er mars de l'année qui suit votre inscription.

4 Nom de famille pour les hommes. Nom de jeune fille pour les femmes mariées.

5 Prénoms inscrits dans l'ordre de l'état civil.

6 Numéro du département dans lequel vous êtes né.

7 Nom de la commune dans laquelle vous êtes né.

8 Date de naissance.

9 La case M est cochée pour les hommes. La case F est cochée pour les femmes.

10 Cette rubrique n'est pas remplie si vous n'étiez pas inscrit auparavant sur une liste électorale.

11 La radiation des listes électorales est effectuée lorsque la personne décède ou ne remplit plus les conditions prévues par la loi (par exemple d'habitation).

INSCRIPTION SUR LA LISTE ÉLECTORALE

LISTES ÉLECTORALES   - Modèle A² -   N° d'enregistrement
I | |_|_|_|_|_|_|

REÇU D'UNE DEMANDE D'INSCRIPTION sur la liste électorale de la commune de :

1 → |_|_| |_|_|_|_|_|_|_|_|_|_|_|_|_|_|_|_|_|_|_|_|_|_|_|_|_|_|_|_|_|_|_|_| |_|_|_|_|_|_|_|
    Dépt   Commune   Dépt pour les DOM

2 → avec effet à compter du 1er MARS |1|9| |_| (si l'inscription est acceptée par la commission administrative).

3 → NOM PATRONYMIQUE (nom de naissance). |_|_|_|_|_|_|_|_|_|_|_|_|_|_|_|_|_|_|_|_|_|_|_|_|_|_|

4 → NOM D'USAGE (facultatif), c'est à dire : nom de l'époux(se),
divorcée ; nom de l'autre parent, accolé au nom patronymique : |_|_|_|_|_|_|_|_|_|_|_|_|_|_|_|_|_|_|

5 → PRÉNOMS : |_|_|_|_|_|_|_|_|_|_|_|_|_|_|_|_|_|_|_|_|_|_|_|_|_|_| Sexe : M ☐   F ☐ ← **9**

6 → né(e) à |_|_| |_|_|_|_|_|_|_|_|_|_|_|_|_|_|_|_|_|_|_|_|_|_| |_|_| |_|_| |_|_|_|_| ← **8**
       Dépt   Commune ou localité   jour   mois   année

7 → Porter le pays pour l'étranger, le territoire pour les T.O.M. et le département pour les D.O.M.

Date du dépôt de la demande : |_|_| |_|_| |_|_|_|_|
                                jour   mois   année

En outre l'électeur demande sa RADIATION de la liste électorale de la

10 → Commune de : |_|_| |_|_|_|_|_|_|_|_|_|_|_|_|_|_|_|_|_|_|_|_|_|_|_|_|_|_|_|
               Dépt   Commune
                  département pour les D.O.M. — territoire pour les T.O.M.   Cachet de la mairie

La loi n° 78-17 du 6 janvier 1978 relative à l'informatique, aux fichiers et aux libertés
garantit aux individus un droit d'accès et de rectification pour les informations concernant.

Signature de l'électeur :
↑

Adresse actuelle : ....
Adresse précédente : ....
Dans le cas de changement de commune d'inscription.

3e volet : à remettre à l'intéressé(e) lors du dépôt ou de la demande

Signature de la personne qui demande l'inscription sur la liste électorale.

LISTES ELECTORALES (Code électoral, article R* 20) - Modèle B2 -   N° d'enregistrement
R |_|_|_|_|_|

11 → AVIS DE RADIATION

Monsieur le Maire de la commune de :

|2|2| |D|I|N|A|N|_|_|_|_|_|_|_|_|_|_|_|_|_|_|_|_|_| |_|_|_|_|_|_|_|
Dépt   Commune   Dépt pour les DOM

vous informe que :

NOM PATRONYMIQUE (nom de naissance). |L|E|L|E|U|_|_|_|_|_|_|_|_|_|_|_|_|_|

NOM D'USAGE (facultatif), c'est-à-dire : nom de l'époux(se), veuf(ve),
nom de l'autre parent, accolé au nom patronymique : |L|O|R|I|A|U|X|_|_|_|_|_|_|

PRÉNOMS : |L|A|U|R|E| |C|A|R|O|L|E| |A|U|D|E|_|_|_| Sexe : M ☐   F ☒

né(e) à |4|2| |R|O|A|N|N|E|_|_|_|_|_|_|_|_|_|_| Le |0|4| |0|6| |1|9|3|2|
      Dépt   Commune ou localité   jour   mois   année
Porter le pays pour l'étranger, le territoire pour les T.O.M. et le département pour les D.O.M.

a été radié(e) de la liste électorale de ma commune pour la raison suivante :

P ☐ Perte des qualités requises par la loi   D ☒ Décès   J ☐ Décision du juge du tribunal d'instance ou arrêt de la Cour de cassation   E ☐ Rectification d'erreur matérielle par la Commission administrative

                                             Cachet de la mairie

Signature du Maire :

Fait le |1|2| |0|2| |1|9|9|0|
     jour   mois   année

FAMILLE

TRAVAIL

ADMINISTRATION

LOGEMENT

TRANSPORT

VIE PRATIQUE

La petite annonce immobilière

Prix, taille, confort, éloignement ou proximité des centres urbains sont des éléments dont il faut tenir compte avant de signer un contrat de location ou d'acheter un logement.

▰▰ Comment chercher un logement à louer ou à acheter ?

On peut :

☐ lire, dans les journaux, les petites annonces qui se trouvent à la rubrique « immobilier » ;

☐ passer soi-même une annonce dans le journal local ;

☐ lire les annonces du journal des notaires s'il en existe un ;

☐ aller dans les études de notaires ;

☐ se rendre chez les agents immobiliers.

▰▰ Combien vous coûtera votre logement ?

Avant de louer ou d'acheter un logement, il faut connaître :

☐ le montant exact de la somme à payer tous les mois pour louer ou rembourser le prêt du logement ;

☐ le montant des charges (si le logement est dans un immeuble) ;

☐ la taxe d'habitation que vous aurez à payer une fois par an ;

☐ les impôts fonciers (si vous achetez un logement).

▰▰ Quel type de logement chercher ?

Il faut tenir compte de plusieurs choses. La taille du logement : essayez de déterminer quels sont vos besoins maintenant mais aussi dans les années à venir (naissance des enfants).

La situation du logement, c'est-à-dire :

☐ le calme du quartier ;

☐ la vue que l'on a du logement ;

☐ l'orientation du logement (ensoleillement) ;

☐ l'environnement : proximité des écoles, des commerces, des arrêts de bus...

☐ en ville, un logement coûte plus cher qu'en banlieue ou à la campagne.

La qualité et le confort du logement, c'est-à-dire :

☐ la nature des matériaux de construction : des revêtements des sols et des murs ;

☐ l'équipement électrique et sanitaire ;

☐ l'isolation (des murs, des dalles, du toit), le double-vitrage, les volets ;

☐ le mode de chauffage ;

☐ la cuisine aménagée ou non ;

☐ la présence d'un garage.

---

1 Type de logement.

2 Ville dans laquelle les logements sont vendus.

3 Numéro de l'annonce.

4 Photographie extérieure de la maison de l'annonce numéro 224.

5 Photographie intérieure de l'appartement de l'annonce numéro 9.

6 Nom du notaire ou de l'office notarial qui est chargé de vendre le logement, et à qui il faut s'adresser pour le visiter.

7 Prix demandé par le vendeur.
Les frais ne sont pas compris dans la somme indiquée.

ABRÉVIATIONS ET ANNONCES

Signification de quelques abréviations :
appt : appartement.
pces : pièces.
séj. : séjour.
cuis. : cuisine.
sdb. : salle de bains.
ch. : chambre.
gren. : grenier.
c.c. : chauffage central.
TBE : très bon état.

gar. : garage.
rdc. : rez-de-chaussée.
balc. : balcon.
cell. : cellier.
park. : parking.
tt. conf. : tout confort.
px : prix.
à déb. : à débattre.
équip. : équipé(e).
compr. : comprenant.

MAISONS

WARHEM

223 - Rte de Rexpoëde : mais. en briques, s/370 m², compr. hall d'ent., sal., séj., cuis. ; ét. : 3 ch., sdb ; c.c. fuel, jard., terras., gar. Prix : 350.000 F. (Mᵉ BOUIN, tél. 28.68.60.93).

224 - Superbe pl.-pied, s/664 m², compr. : ent., sal., séj. (chem. fdb), cuis. équip., 4 ch., sdb, cell., chauffer., wc, c.c. fuel, beau jard., enclos pr élevage, nomb. aménagements. A voir. 550.000 F. (SCP BONIFACE).

CASSEL

225 - Mais. bourg. très b. sit. vue Superbe, sur camp., s/2.440 m² de terr., constr. 1980, 140 m² superbe hab., sur s.-sol entier. Prix justifié. (Mᵉ DUCOURANT, Wormhout, tél. 28.65.62.44).

EPERLECQUES

226 - Import. propr. sur 2 ha pbss. chasse et pêche sur 4 étangs de 2.500 m² et luxueuse hab. réc., tt conf., px élevé en rapp. (Mᵉ BOUIN, Bergues, tél. 28.68.60.93).

APPARTEMENTS

DUNKERQUE : 1 - 94, bd Alexandre-III : F3, au 2ᵉ ét. (salon, séj. 32 m²), av. c.c. ind. gaz. 270.000 F. (SCP BONIFACE).

DUNKERQUE : 2 - Rue Emmery : appart. F2, 1ᵉʳ ét. : séj., cuis., ch., wc, sdb, c. ind. gaz, charges 400 F/trim. 250.000 F. (SCP BONIFACE).

DUNKERQUE : 3 - Rés. Fenelon : appart F4, au 2ᵉ ét. : salop, séj., cuis., 2 ch., sdb, wc, balc. sud, cave, park., gar., c.c. collect. 350.000 F à déb. (SCP BONIFACE).

DUNKERQUE : 4 - 19, rue de Soubise : F2, au 1ᵉʳ ét., av. c.c. ind. gaz et cave, expos. pl. sud, (poss. achat gar. 5 U). 180.000 F. (SCP BONIFACE).

DUNKERQUE : 5 - Pl. ctre, sup. appt (180 m²), au 3ᵉ ét. compr. salon, séj., bur., 4 ch., sdb, s. d'eau, ling., 2 wc, très nomb. aménagements, 3 caves et gar. 700.000 F. (SCP BONIFACE).

MALO-LES-BAINS : 6 - Pl. du Casino : F3, au 2ᵉ étage, (salon-séj. 32 m²), c.c. ind. gaz, (qques trav. à prév.). 180.000 F. (SCP BONIFACE).

DUNKERQUE : 7 - 7, rue St-Pierre : F4, au 2ᵉ étage (87 m²). 280.000 F. (SCP BONIFACE).

ST-POL-SUR-MER : 8 - Rés. P.-Eluard : F3, au 4ᵉ étage, av. c.c. ind. gaz, charges mini, poss. locat. gar. 195.000 F. (SCP BONIFACE).

COUDEKERQUE : 9 - Prox. Pont St-Georges : gde hab. transf. en appt duplex, 135 m², rdc : hall, 3 ch., 2 sdb ; étage : séj., repas, cuis. (65 m²), ling. Beaux aménagements, caves, gd terras., c.c. fuel, prix justifié. 550.000 F. (SCP ALLEMES).

GRANDE-SYNTHE : 10 - Rés. « Réaumur », appt. 4 p., 80 m², hall, 2 ch., cuis., sdb, séj., c.c. gaz indiv. Prix : 150.000 F. (SCP ALLEMES).

ROSENDAËL : 11 - Rés. « Mabille », appt 4 pces, 2ᵉ ét., 86 m², hall, séj. (33 m²), cuis. aménagée, sdb, 2 ch., cell., balc., gar., cave, c.c. ind. gaz, chem. fdb, bon état, beau jard. collect. Prix : 390.000 F. (SCP ALLEMES).

DUNKERQUE : 12 - « Les Ilots Bleus », appt 2 pces, 2ᵉ ét., petit séj., 1 ch., cuis., sdb, balc., cave. Prix : 140.000 F. (SCP ALLEMES).

DUNKERQUE : 13 - Rue St-Charles : appt 2 pces, séj., cuis., sdb, 1 ch. + gren. aménageable (45 m²), poss. duplex, c.c. ind. gaz, charg. minim., bon état. 250.000 F. (SCP ALLEMES).

DUNKERQUE : 14 - Place du Minck : appt 3 pces, séj. (27 m²), 1 ch., cuis., sdb, TBE. 260.000 F. (SCP ALLEMES).

FAMILLE
TRAVAIL
ADMINISTRATION
LOGEMENT
TRANSPORT
VIE PRATIQUE

Le contrat de location

> Un contrat de location est un document écrit par lequel un bailleur (propriétaire) ou son mandataire (agence immobilière par exemple) s'engage à louer un logement à une personne (locataire). Ce contrat décrit le logement et fixe les modalités de la location. Un exemplaire du contrat revient au locataire. Il faut le conserver pendant toute la durée de la location.

▬ Quelle est la durée d'un contrat de location ?

Lorsque vous louez un logement, le contrat que vous signez dure au moins trois ans. Vous pouvez cependant résilier (rompre) ce contrat à tout moment en prévenant :

☐ trois mois à l'avance par lettre recommandée avec accusé de réception, sans avoir besoin de dire pourquoi vous rompez le contrat ;

☐ un mois à l'avance, si vous perdez votre emploi ou si vous êtes muté à cause de votre métier.

▬ Qu'est-ce qu'un dépôt de garantie ?

Le dépôt de garantie est une somme qui ne peut pas dépasser deux mois de loyer. Elle est versée avec la première mensualité (le premier loyer).

Ce dépôt de garantie vous sera remboursé, au plus tard deux mois après votre départ du logement.

Le propriétaire déduira de ce dépôt de garantie les sommes que vous n'avez pas payées. Par exemple :

☐ la taxe d'enlèvement des ordures ménagères ;

☐ les frais de remise en état du logement, si vous avez fait des dégradations ;

☐ une facture d'électricité qui n'a pas été payée ; etc.

▬ Le montant du loyer

Le montant du loyer est noté sur votre contrat de location. Il devra être payé le premier jour de chaque mois.

Ce loyer augmentera une fois par an. Si vous avez loué le logement un premier septembre, votre loyer augmentera donc à chaque premier septembre.

---

1 Logement libre et vide
Remarque : il est possible de louer un logement dans lequel il y a des meubles.

2 Personne qui possède le logement.

3 Personne chargée par le propriétaire de louer le logement.

4 Personne qui désire habiter le logement.

5 Adresse du logement proposé.

6 Description du logement avec les différentes pièces.

7 Place de stationnement, de parking.

8 L'immeuble a un concierge.

9 Il y a une antenne collective sur l'immeuble. C'est-à-dire que tous les occupants de l'immeuble peuvent l'utiliser.

10 L'interphone est un appareil qui permet à la personne dans son appartement de parler avec une personne qui se trouve à l'entrée de l'immeuble.

11 Il y a une pelouse, ou des arbres, à proximité du bâtiment.

12 Les initiales du mandataire (ou du bailleur) et du locataire. Chacun les inscrit de sa main.

1 →

CONTRAT DE LOCATION
loi n° 86-1290 du 23 décembre 1986
LOCAUX VACANTS NON MEUBLÉS

☒ HABITATION PRINCIPALE
☐ PROFESSIONNEL et HABITATION PRINCIPALE

2 →

3

Entre les soussignés

BAILLEUR	MANDATAIRE
Madame Eliane Lefebure	AGENCE IMMOBILIERE FUSTIN
Née le 05/04/50	6 avenue des Platanes
à Quiberon	84 000 Avignon
dénommé « LE BAILLEUR »	

4 →

LOCATAIRE(S)

Madame Myriam Gradit
Caissière au magasin Guigne à Avignon
demeurant 18 rue Notre Dame 11 100 Narbonne

dénommé(s) « Le LOCATAIRE » (au singulier)

Il a été convenu et arrêté ce qui suit :

Le bailleur loue les locaux et équipements ci-après désignés au locataire qui les accepte aux conditions suivantes.

LOCAUX

Adresse Résidence "La Tramontane" appartement n° 12

entrée B Rue du Moulin 84 000 Avignon

5 →

Consistance	Désignation des locaux et équipements privatifs
☒ Appartement	APPARTEMENT A USAGE EXCLUSIF
☐ Maison individuelle	D'HABITATION COMPRENANT
☐	Hall d'entrée, salle de séjour, cuisine,
Dépendances	salle de bains, W.C., une chambre.
☒ Garage n° 8	
☐ Place de stationnement n°	
☐ Cave n°	
☐	

6 ←

7 →

Enumération des parties et équipements communs

☒ Gardiennage	☒ Ascenseur	☒ Antenne TV collect.	☐ Local à poussettes	☐
☒ Interphone	☒ Vide-ordures	☒ Espace(s) vert(s)	☐ ...court(s) de tennis	☐

8 →
10 →

9

11

Le cas échéant **Clause particulière concernant les locaux vacants construits avant le 1.9.1948** *(sauf locaux classés en catégorie IV)*.

Conformément à l'article 25 de la loi N° 86-1290 du 23.12.86, si le logement, construit avant le 1.9.1948, ne satisfait pas aux normes minimales de confort et d'habitabilité fixées par décret (décret non paru au 5.1.1987), le nouveau locataire pourra demander au propriétaire leur mise en conformité avec ces normes sans qu'il soit porté atteinte à la validité du contrat en cours.

Cette demande devra être présentée dans le délai d'un an à compter de la date d'effet du présent contrat.

A défaut d'accord entre les parties, le juge saisi, déterminera le cas échéant, la nature des travaux à réaliser et le délai de leur exécution, qu'il pourra même d'office assortir d'une astreinte.

Il pourra également se prononcer sur une demande de modification de loyer présentée par le bailleur.

12 → *M.G E.L*

FAMILLE

TRAVAIL

ADMINISTRATION

LOGEMENT

TRANSPORT

VIE PRATIQUE

Le permis de construire

Le permis de construire est une autorisation administrative obligatoire pour toute construction supérieure à 20 m² en surface brute. Il est délivré sous réserve du droit des tiers. Les démarches doivent être faites en temps utile. La demande de permis de construire doit être faite à la mairie de la commune où se situe le terrain.

■■ Comment procéder pour avoir le droit de construire ?

Le demandeur doit remplir le formulaire « Demande de permis de construire ». Il le dépose à la mairie du lieu de construction, accompagné des plans du projet. Celle-ci transmet le dossier aux services de l'équipement qui, après instruction, le renvoient avec un arrêté signé par le maire et établi en cinq exemplaires pour être remis : au demandeur, aux archives communales, à l'affichage, à la sous-préfecture, à l'équipement.

Le demandeur reçoit en même temps une ouverture et un achèvement des travaux vierges en trois exemplaires.

■■ Comment déclarer l'ouverture et l'achèvement des travaux ?

Dès que la dalle est construite, le demandeur doit envoyer les trois exemplaires d'ouverture des travaux dûment remplis à la mairie et mettre un panneau sur le terrain. Un exemplaire est conservé en mairie, un autre est envoyé à l'Équipement, le dernier à la sous-préfecture. Dès la fin des travaux, les trois exemplaires d'achèvement des travaux doivent parvenir à la mairie.

■■ Comment obtenir le permis de construire ?

L'Équipement délègue une personne qui inspecte la construction pour voir si elle est conforme au plan déposé. Sur son avis, le maire délivre un certificat de conformité. Celui-ci vaut juridiquement permis de construire.

■■ Quels services peuvent intervenir ?

Toute construction est soumise à une réglementation très stricte en matière d'emplacement :

☐ dans un périmètre de monuments historiques, l'architecte des Bâtiments de France donne son avis ;

☐ dans une zone d'affaissements miniers, le service des Mines intervient ;

☐ s'il s'agit d'une construction destinée à recevoir du public, les services de sécurité sont concernés.

Peuvent intervenir également : le service d'archéologie de la direction régionale des Affaires culturelles, la direction départementale du Travail et de l'Emploi, la direction départementale des Affaires sanitaires et sociales.

---

1 Ce formulaire est utilisé pour apporter des modifications : soit au contenu d'un permis de construire antérieurement délivré (en cours de validation et pour travaux en cours de réalisation) ; soit à un projet faisant l'objet d'une demande de permis de construire en cours de validation.

2 On coche la ou les cases correspondantes aux modifications apportées, en portant les indications chiffrées si cela est demandé.

3 La surface hors œuvre brute (SHOB) est égale à la somme des surfaces de plancher de chaque niveau de la construction. Elle se calcule d'un mur extérieur à l'autre. La surface hors œuvre nette (SHON) s'obtient en déduisant de la surface hors œuvre brute un certain nombre d'éléments selon la destination et l'état des constructions.

4 Toute rubrique cochée doit être accompagnée d'une brève notice expliquant le but de la modification.

5 Dater et signer la demande.

DEMANDE DE PERMIS DE CONSTRUIRE

1 ▶ **DEMANDE DE PERMIS DE CONSTRUIRE MODIFICATIF**

31. OBJET DE LA MODIFICATION

311.

☐ modification de la superficie du terrain (changement)

ANCIENNE SURFACE	NOUVELLE SURFACE
m²	[ ] m²

2 ▶

☐ accès et voirie

☐ déplacement de l'implantation du ou des bâtiments

☐ augmentation ou diminution de l'emprise au sol

☐ hauteur

HAUTEUR INITIALE DU PROJET	NOUVELLE HAUTEUR ENVISAGÉE
m	m

312.

☐ modification affectant soit la destination des locaux, soit la surface, soit la surface et la destination des locaux

3

SURFACE HORS ŒUVRE BRUTE TOTALE INITIALE	SURFACE HORS ŒUVRE NETTE TOTALE INITIALE
m²	m²

DESTINATION(S) INITIALE(S) DU OU DES LOCAUX MODIFIÉS	SURFACE HORS ŒUVRE BRUTE CONCERNÉE	SURFACE HORS ŒUVRE NETTE CONCERNÉE
	m²	m²

NOUVELLE(S) DESTINATION(S) DU OU DES TRAVAUX MODIFIÉS	SURFACE HORS ŒUVRE BRUTE CONCERNÉE	SURFACE HORS ŒUVRE NETTE CONCERNÉE
	m²	m²

SURFACE HORS ŒUVRE BRUTE TOTALE APRÈS LES TRAVAUX	SURFACE HORS ŒUVRE NETTE TOTALE APRÈS LES TRAVAUX
m²	[ ] m²

NOMBRE DE LOGEMENTS	DANS LE PROJET INITIAL	DANS LE PROJET ENVISAGÉ
	[ ]	[ ]

VENTILATION DES LOGEMENTS DANS LE PROJET ENVISAGÉ (si elle diffère de celle du projet initial)

nombre de logements de : 1 pièce ☐ 2 pièces ☐ 3 pièces ☐ 4 pièces ☐ 5 pièces ☐ 6 pièces et plus ☐

313.

☐ aspect extérieur (clôtures, façades, toitures, matériaux)

4 ▶ **314.**

☐ aires de stationnement

315.

☐ plantations et aires de jeux

4. ENGAGEMENT DU DEMANDEUR

Je, soussigné, auteur de la présente demande, certifie exacts les renseignements qui précèdent et m'engage à respecter les règles générales de construction prescrites par les textes pris pour l'application de l'article L. 111-3 du code de l'urbanisme.

(L'attention du demandeur est appelée sur les dispositions des articles L. 152-1 à L. 152-11 du code de la construction et de l'habitation relatives aux sanctions pénales applicables en cas de violation des règles de construction précitées.)

La loi n° 78-17 du 6 janvier 1978 relative à l'informatique, aux fichiers et aux libertés, s'applique aux réponses faites à ce formulaire par les personnes physiques. Elle garantit un droit d'accès et de rectification pour les données vous concernant auprès de la mairie ou de la direction départementale de l'équipement.

NOM

DATE

SIGNATURE

◀ **5**

5. PIÈCE À JOINDRE

1. Plans et documents graphiques cotés mettant en évidence les différents objets de la modification tels qu'ils sont visés à la rubrique 31. En particulier en ce qui concerne la rubrique 312 : indiquer sur les plans les niveaux, la superficie des locaux dans l'état initial et après travaux en mentionnant les superficies dont la destination a changé.

2. Toutes indications chiffrées nécessaires notamment pour les rubriques 311, 312, 313, 315. Elles seront accompagnées d'une brève notice expliquant le but de la modification.

   Les pièces visées ci-dessus portent le cachet et la signature de l'architecte, s'il y a lieu, ou de l'auteur du projet, ainsi que la signature du demandeur.

3. Si la construction entraîne un dépassement du plafond légal de densité, JOINDRE à la présente demande :
   - la déclaration de la valeur au m² du terrain « Nu et Libre » ;
   - des extraits de la matrice cadastrale et du plan cadastral du terrain ;
   - une déclaration indiquant si le demandeur a l'intention ou non de constituer une caution solidaire auprès d'un établissement bancaire ou d'une société de caution mutuelle.

FAMILLE

TRAVAIL

ADMINISTRATION

LOGEMENT

TRANSPORT

VIE PRATIQUE

Le déménagement

Déménager ne consiste pas simplement à quitter son ancien logement et à emménager dans le nouveau. Certaines démarches administratives ou privées doivent être effectuées. Il ne faut en négliger aucune. Elles évitent par la suite bien des soucis et des tracas.

▬▬ Qui prévenir du changement d'adresse ?

☐ la Sécurité sociale et la mutuelle ;
☐ la caisse d'allocations familiales ;
☐ la caisse de retraite ;
☐ l'employeur ;
☐ la banque ;
☐ les compagnies d'assurances (automobile, maison…) ;
☐ le centre des impôts ;
☐ la perception ;
☐ le centre de redevance de l'audiovisuel (télévision) ;
☐ la brigade de gendarmerie de votre nouveau domicile.

Le déménagement entraînera peut être un changement de caisse primaire d'assurance maladie, de caisse d'allocations familiales et de centre des impôts dont il faudra tenir compte.

▬▬ Comment procéder avant de quitter votre ancien logement ?

1. Prévenir votre propriétaire par lettre recommandée si vous êtes locataire.
2. Contacter une entreprise de déménagement ou louer un camion.
3. Se renseigner à la caisse d'allocations familiales pour savoir si l'on peut avoir une prime de déménagement.
4. Demander un relevé des compteurs EDF-GDF et Eaux pour résilier l'abonnement de l'ancien logement.
5. Demander le transfert du téléphone ou la résiliation de l'installation téléphonique.
6. Demander un certificat de radiation à l'école des enfants.
7. Faire suivre son courrier en allant au bureau de poste qui le distribue habituellement.

8. Demander un certificat de situation à la préfecture ou sous-préfecture si on change de département.

▬▬ Comment procéder à l'entrée dans votre nouveau logement ?

1. Faire une demande d'abonnement EDF-GDF et Eaux pour le nouveau logement.
2. Inscrire les enfants dans l'école proche de votre domicile.
3. S'inscrire sur les listes électorales de la mairie du nouveau domicile.
4. Aller à la préfecture ou sous-préfecture aux services des cartes grises pour signaler le changement d'adresse.
5. Demander la mise en service d'une nouvelle ligne téléphonique.

---

1 Cet ordre de réexpédition définitif doit être remis au bureau de poste qui distribue habituellement votre courrier.

2 La réexpédition de votre courrier durera un an au maximum.

3 N'oubliez pas de faire enlever votre nom de votre ancienne boîte aux lettres.

4 Toutes les personnes qui habitent à la même adresse peuvent noter leurs nom et prénom puis signer.

5 Notez une lettre majuscule par case. Laissez une case vide entre chaque mot.

6 Dès que possible, inscrivez, sur votre nouvelle boîte aux lettres, les noms et prénoms de toutes les personnes résidant sous votre toit.

8 Quand vous déposez votre formulaire au bureau de poste, vous devez payer une taxe de 110,00 F.

ORDRE DE RÉEXPÉDITION DU COURRIER

LA POSTE

CHANGEMENT D'ADRESSE DÉFINITIF

RÉSERVÉ AU SERVICE

N° d'ordre	N° de tournée	Premier jour	Dernier jour	A partir du

Personnes concernées (y compris les enfants)

Signatures

M, Mme, Mlle — Prénom

M, Mme, Mlle — Prénom

M, Mme, Mlle — Prénom

Ancienne adresse

Si nécessaire : appartement, escalier, étage, chez M...

Si nécessaire : bâtiment, immeuble, tour, résidence

Numéro, rue, avenue, boulevard

Si nécessaire : lieu-dit

Code Postal — Localité

Nouvelle adresse

Si nécessaire : appartement, escalier, étage, chez M...

Si nécessaire : bâtiment, immeuble, tour, résidence

Numéro, rue, avenue, boulevard

Si nécessaire : lieu-dit

Code Postal — Localité

Je déclare .... être mandaté(e) par les personnes concernées pour effectuer le changement d'adresse.
(Nom, prénom)

Le ...... / ...... / ......   **Signature :**

La Poste souhaite communiquer votre changement d'adresse aux organismes qui détiennent votre adresse
(banques, entreprises, commerces, associations) et qui en feraient la demande. En cas de désaccord, cochez la case ci-contre : ☐

Quelle que soit votre réponse, votre ordre de réexpédition sera traité dans les conditions habituelles.

Les indications recueillies ci-dessus donnent lieu à l'exercice d'un droit de rectification auprès du bureau de Poste de votre ancien domicile conformément
aux dispositions de la loi n° 78-17 du 6 janvier 78, relative à l'informatique, aux fichiers et aux libertés. Dans tous les cas, La Poste est tenue de notifier les
changements de domicile au service des contributions directes et au service de la redevance de l'audiovisuel conformément aux dispositions de l'article 92
de la loi n°85-1407 du 30 décembre 1985.

LA SOMME DE .... F REPRESENTANT LE PRIX DU SERVICE A ETE PAYEE CE JOUR.

	T.A.D.

CD3

A remettre au client

103

FAMILLE
TRAVAIL
ADMINISTRATION
LOGEMENT
TRANSPORT
VIE PRATIQUE

La prime de déménagement

La prime de déménagement est versée sous certaines conditions par les caisses d'allocations familiales aux familles qui changent de résidence principale. Cette prime n'est pas automatique.

■ Comment obtenir la prime de déménagement ?

Pour bénéficier de cette prime le déménagement doit avoir lieu entre le premier jour du mois civil suivant la fin du troisième mois de grossesse et le dernier jour du mois civil précédant celui où le 3e enfant (ou plus) atteint ses 2 ans. Il faut donc avoir au moins trois enfants.

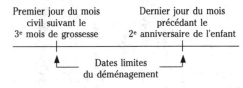

Premier jour du mois civil suivant le 3e mois de grossesse — Dernier jour du mois précédant le 2e anniversaire de l'enfant

Dates limites du déménagement

Il faut également avoir droit à une aide au logement dans les six mois qui suivent le déménagement. Les aides au logement dépendent des revenus et des caractéristiques du logement.

Attention : la prime de déménagement n'est pas automatique : il faut en faire la demande.

Remarque : si on ne reçoit pas l'allocation de logement à caractère familial ou l'Aide personnalisée au logement (APL) parce que son montant est inférieur à 100 F, on peut néanmoins bénéficier de la prime de déménagement.

■ Quel est le montant de cette prime ?

En principe on touche une somme égale aux dépenses occasionnées mais le versement ne peut dépasser un certain plafond qui varie selon la composition de la famille. Sous certaines conditions on peut obtenir une avance partielle de la prime. Si on déménage par ses propres moyens, il faut le certifier en faisant une attestation sur l'honneur indiquant les frais engagés et joindre au dossier de demande de prime de déménagement les preuves de ces dépenses (factures, tickets de caisse, reçus concernant par exemple : une location de camionnette, les frais de carburant, les achats de nourriture servant à préparer les repas des personnes venues vous aider...).

■ Quelles sont les démarches à accomplir ?

Pour bénéficier de la prime de déménagement il faut se rendre à la caisse d'allocations familiales dont on dépend et y retirer un dossier. La demande doit être effectuée au plus tard six mois après la date du déménagement.

---

1 Cochez la case correspondante et indiquez les nom et adresse de l'organisme qui vous verse votre allocation. Indiquez également votre numéro d'allocataire.

2 Complétez cette rubrique.

3 N'oubliez pas d'indiquer la date à laquelle vous avez quitté votre ancien logement.

4 Pour obtenir la prime de déménagement les dates sont importantes.

5 N'oubliez pas de joindre la facture du déménageur ou les factures de location de camionnette et de frais de carburant.

6 Signature du demandeur.

104

DEMANDE DE PRIME DE DÉMÉNAGEMENT

Recevez-vous déjà des prestations familiales ? **1**

Recevez-vous déjà des prestations familiales ? _____ ☐ OUI ☐ NON

Si oui, de quel organisme ? (nom et adresse) _____

_____

Sous quel numéro ? _____ └_____┘

Quel est votre état civil ? **2**

Votre nom _____

Votre prénom _____

Votre date de naissance _____ └__┴__┘ └__┴__┘ └1__┴__┘

Quelle est l'adresse de votre ancien logement ? **3**

Votre ancienne adresse _____

_____ Commune _____

Code postal └__┴__┴__┴__┴__┘ Bureau distributeur _____

A quelle date avez-vous quitté ce logement ? _____ └__┴__┘ └__┴__┘ └1,9__┴__┘

Si vous avez habité provisoirement dans un autre logement qui ne vous a pas donné droit à l'allocation de logement cochez cette case ☐

Précisez l'adresse de ce logement _____

Combien de temps l'avez-vous habité ? du └__┴__┘ └__┴__┘ └1,9__┴__┘ au └__┴__┘ └__┴__┘ └1,9__┴__┘

Si vos meubles ont été entreposés dans un garde-meubles, cochez cette case ☐

Précisez pendant combien de temps. Du └__┴__┘ └__┴__┘ └1,9__┴__┘ au └__┴__┘ └__┴__┘ └1,9__┴__┘

Quelle est l'adresse de votre nouveau logement ? **4**

Votre nouvelle adresse _____

Code postal └__┴__┴__┴__┴__┘ Bureau distributeur _____

Vous habitez à cette nouvelle adresse depuis le _____ └__┴__┘ └__┴__┘ └1,9__┴__┘

A quelle date avez-vous emménagé dans ce logement ? _____ └__┴__┘ └__┴__┘ └1,9__┴__┘

Combien vous a coûté votre déménagement ? **5**

Quel est le coût du déménagement ? _____ └_____ F ┘

Avez-vous obtenu par ailleurs, une aide pour payer votre déménagement ? _____ ☐ OUI ☐ NON

Si oui, indiquez la nature de cette aide (indemnité versée par votre employeur, frais de déménagement couverts par une subvention d'installation, etc.) _____

Quel est son montant ? _____ └_____ F ┘

Déclaration sur l'honneur. **6**

La loi punit de peines sévères, toute personne coupable de fraudes ou de fausses déclarations.

Je certifie sur l'honneur que les renseignements fournis sur cette demande sont exacts.

Fait à _____ , le _____ 19 _____

Signature

FAMILLE

TRAVAIL

ADMINISTRATION

LOGEMENT

TRANSPORT

VIE PRATIQUE

Le Plan Épargne Logement

Le Plan Épargne Logement permet à la fois d'économiser et d'emprunter par la suite pour financer l'acquisition d'un logement ou pour effectuer des modifications dans sa résidence principale.

■■ Qui peut vous renseigner sur le Plan Épargne Logement ?

La Poste, les banques, les Caisses d'épargne peuvent vous donner tous les renseignements qui concernent l'épargne logement.

■■ Qu'est-ce que le Plan Épargne Logement ?

De façon générale, le Plan Épargne Logement comporte deux périodes :

☐ La première période dure quatre ans. D'abord, on verse la somme d'argent que l'on veut (au moins 1 500 F). Puis, on épargne de l'argent régulièrement (tous les mois, tous les trois mois, ou tous les six mois). Au minimum il faut verser 300 F par mois. Ce minimum annuel est de 3 600 F. Cette épargne rapporte des intérêts.

☐ La deuxième période commence à la fin de la quatrième année. On peut alors obtenir un prêt d'une durée de deux à quinze ans et d'un montant maximum de 600 000 F.

Remarque : plus la durée du prêt est longue, plus le montant du prêt diminue.

■■ Qui peut ouvrir un Plan Épargne Logement ?

Tout le monde peut ouvrir un Plan Épargne Logement (PEL), mais chacun ne peut en posséder qu'un seul.

L'âge des personnes n'a aucune importance : les parents peuvent donc ouvrir un PEL au nom de leurs enfants. Chaque personne (adulte ou enfant) d'une même famille peut ouvrir un PEL.

■■ À quoi peut servir le prêt Épargne Logement ?

Le prêt Épargne Logement peut servir à acheter, construire, améliorer, agrandir l'habitation principale, ou sous certaines conditions, la résidence secondaire.

1 Le contrat a été signé auprès de l'organisme indiqué.

2 EL signifie Épargne Logement.

3 On peut choisir de :
- verser soi-même de l'argent régulièrement sur le PEL ;
- demander que l'argent soit retiré automatiquement d'un compte (prélèvement automatique).

4 Cette case sera cochée si on demande la prolongation du contrat.

5 Cette case sera cochée si on désire changer la période et le montant des sommes que l'on verse régulièrement.

6 Le contrat lie l'organisme et la personne (le souscripteur) indiqués à cette rubrique.

7 Montant du taux des intérêts que l'on a sur les sommes épargnées.

8 Date du premier versement.

9 Durée du Plan Épargne Logement.

OUVERTURE DE PLAN : FORMULAIRE

1

Caisse d'Epargne de

AGENCE DE :

`1 5 9 4 5` `4 0 3 5 0` `1 2` `               `
ETS   GUICHET   COMPTE

2

3

1 ☐ **CONTRAT DE PLAN E.L** (Art. R315-1 à R315-7 et 315-24 à 315-42)
2 ☐ **AUTORISATION DE PRELEVEMENT AUTOMATIQUE**
3 ☐ **AVENANT DE PROROGATION**
4 ☐ **AVENANT DE MODIFICATION** (période et mensualités)

4
5

ENTRE :

6

a) La Caisse d'Epargne ECUREUIL, Agence de _____, établissement habilité aux terme de l'article R.315-1 du code de la construction et de l'habitation, désigné au présent contrat par les termes "La Caisse d'Epargne".

b) M _____ Prénom _____ Epouse (ou veuve) _____
Né(e) le _____ à _____ Profession _____ Tél. _____
Adresse _____
désigné au présent contrat par les termes "Le Souscripteur"

IL EST CONVENU CE QUI SUIT :

8
9

1) **CONTRAT DE PLAN E.L :**

7

| T.R.A.A.N. Maxi | Date vers. initial | Durée | | ☐ mensuelle |

`⌊_⌊_⌊_⌊_⌊_⌋`   `⌊_⌊_⌊_⌊_⌊_⌋`   `⌊__⌋ ans`   Périodicité ☐ trimestrielle
                                                          ☐ semestrielle

Vers. périodique   Dépôt initial   N° du compte à débiter
`⌊_⌊_⌊_⌊_⌋`   `⌊_⌊_⌊_⌊_⌋`   `⌊_⌊_⌊_⌊_⌊_⌊_⌊_⌊_⌊_⌋`

Date du 1er vers.   Maximum des dépôts
`⌊_⌊_⌊_⌊_⌊_⌋`   `⌊_⌊_⌊ 0 ⌊ 0 ⌊ 0 ⌊ 0 ⌋ F`

2) **AUTORISATION DE PRELEVEMENT AUTOMATIQUE**

Le premier versement devant avoir lieu le _____
j'opte pour le prélèvement automatique et m'engage à approvisionner en temps opportun mon compte d'Epargne
N° _____, pour le règlement des virements en faveur de mon Plan d'Epargne Logement.
La Caisse d'Epargne se réserve le droit d'annuler la précédente autorisation après TROIS échéances impayées.
Le souscripteur présentera le livret du compte ci-dessus désigné pour régularisation au moins une fois par an.

3) **AVENANT DE PROROGATION**

La durée de ce contrat est prorogée de _____ année(s)
à partir du _____
et son terme fixé au _____

4) **AVENANT DE MODIFICATION**

Le souscripteur s'engage à effectuer jusqu'à nouvel ordre des versements d'un montant de F _____

qui interviendront ☐ **MENSUELLEMENT**   ☐ **TRIMESTRIELLEMENT**   ☐ **SEMESTRIELLEMENT**

Je reconnais avoir pris connaissance des conditions générales dont un exemplaire m'a été remis.
Je déclare n'être titulaire d'aucun autre Plan d'Epargne Logement et reconnais que mon attention a été appelée sur l'interdiction qui m'est faite par la loi d'être titulaire de plus d'un Plan d'Epargne Logement et sur les sanctions auxquelles je m'exposerais dans le cas où je ne respecterais pas cette interdiction.

Pour la Caisse d'Epargne ECUREUIL,   Fait à _____, le _____ 19
Le représentant de la Caisse d'Epargne,   Le souscripteur,
                                        (Faire précéder la signature de la mention "Lu et approuvé")

FAMILLE

TRAVAIL

ADMINISTRATION

LOGEMENT

TRANSPORT

VIE PRATIQUE

Le Livret
Épargne Logement

Le Livret ou Compte Épargne Logement permet comme le Plan Épargne Logement d'économiser puis d'emprunter. Il est plutôt destiné à financer des petits projets.

▰▰ Qui peut vous renseigner sur le Livret Épargne Logement ?

La Poste, les banques, les Caisses d'épargne peuvent vous donner tous les renseignements qui concernent le Livret (ou Compte) Épargne Logement.

▰▰ Qu'est-ce que le Livret Épargne Logement ?

De façon générale, le Livret Épargne Logement comporte deux périodes :

☐ la première période dure 18 mois.

D'abord, on verse la somme d'argent que l'on veut (au moins 2 000 F). Puis, on épargne de l'argent (au moins 500 F) quand on veut ;

☐ pendant la deuxième période (après 18 mois), on peut obtenir un prêt de 2 à 15 ans et d'un montant maximum de 150 000 F.

Remarque : plus la durée du prêt est longue, plus le montant du prêt diminue.

▰▰ Qui peut ouvrir un Livret Épargne Logement ?

Tout le monde peut ouvrir un Livret Épargne Logement mais chacun ne peut en posséder qu'un seul.

L'âge des personnes n'a aucune importance : les parents peuvent donc ouvrir un Livret Épargne Logement au nom de leurs enfants.

Chaque personne (adulte ou enfant) d'une même famille peut ouvrir un Livret Épargne Logement.

▰▰ À quoi peut servir le prêt Épargne Logement ?

Le prêt épargne logement peut servir à :

☐ acheter ;

☐ construire ;

☐ améliorer ;

☐ agrandir l'habitation principale ou, sous certaines conditions, la résidence secondaire.

---

1 La déclaration sera signée près de l'organisme indiqué.

2 Nom et prénom (en majuscules) de la personne qui ouvre un Livret Épargne Logement (le souscripteur).

3 Date de naissance du souscripteur.

4 Adresse du souscripteur.

5 Vous pouvez avoir un Livret (ou Compte) Épargne Logement plus un Plan Épargne Logement à condition de les avoir dans le même établissement.

6 Vous avez droit à 2 % d'intérêts sur la somme épargnée.

7 Vous pouvez obtenir un prêt à 3,50 %. Le montant de ce prêt dépend du montant des intérêts, et donc de la somme que vous avez réussi à épargner.

8 La prime d'épargne est versée par l'État. Elle n'est accordée que lorsque vous demandez un prêt.
Cette prime est égale au 5/9 des intérêts du montant épargné.

9 Lieu et date d'ouverture du Livret Épargne Logement.

10 Signature du souscripteur du Livret Épargne Logement.

FORMULAIRE

1

CAISSE D'EPARGNE
DE _ _ _ _ _ _ _ _ _ _ _ _ _

EPARGNE-LOGEMENT

N° |1,1, , , , , , , , |

(Loi du 10 juillet 1965)

DECLARATION A SOUSCRIRE OBLIGATOIREMENT
A L'OUVERTURE D'UN LIVRET D'EPARGNE-LOGEMENT

2 → Le soussigné (nom et prénoms) _____

3 → né le _____, demeurant à _____ ← **4**

demande l'ouverture d'un livret d'Epargne-Logement à la Caisse d'Epargne de

Flandre Maritime, 40 rue du Sud, DUNKERQUE.

5 → Il déclare n'être titulaire d'aucun autre compte d'Epargne-Logement et, notamment, d'aucun plan d'Epargne-Logement ouvert auprès d'un autre établissement.

Il reconnaît que son attention a été appelée sur l'interdiction qui lui est

faite par la Loi d'être titulaire de plus d'un compte d'Epargne-Logement et sur

les sanctions auxquelles il s'exposerait dans le cas où il ne respecterait pas cette

interdiction (suppression de tous droits à intérêts et du bénéfice des prêts et de

6
8 → la prime d'Epargne, ainsi que poursuites éventuelles). **7**

9 _____ A _____, le _____
(Signature) ← **10**

FAMILLE

TRAVAIL

ADMINISTRATION

LOGEMENT

TRANSPORT

VIE PRATIQUE

Le prêt à long terme

Un prêt à long terme est un prêt dont la durée de remboursement est supérieure à une dizaine d'années. Il est destiné à financer des achats importants comme l'acquisition de son logement par exemple. Bien choisir son prêt et effectuer plusieurs montages financiers peuvent permettre d'importantes économies.

■■■ Quelles précautions devez-vous prendre ?

Vous devez d'abord vous y prendre long-temps à l'avance afin de vous renseigner précisément. Ensuite, il est nécessaire que vous disposiez d'un apport personnel égal à au moins 10 % de votre projet. Enfin, l'Agence nationale pour l'information sur le logement (ANIL) peut vous établir gratuitement un plan de financement. Plusieurs simulations financières vous seront proposées.

■■■ Quel prêt choisir ?

De façon générale, plus la durée de remboursement est longue et plus la somme empruntée est importante, plus vos mensualités de remboursement seront importantes. Il est donc nécessaire d'avoir un apport personnel. Celui-ci peut provenir d'économies ou d'une épargne placée sur un Plan Épargne Logement ou un Livret Épargne Logement. Cette dernière solution présente l'avantage de pouvoir bénéficier ensuite d'un prêt à intérêts réduits.

Le prêt à 0 % peut être obtenu par les personnes ayant des revenus limités. Son montant est plafonné. Il n'est pas non plus cumulable avec certains autres prêts.

Le 1 % logement est un prêt consenti par les entreprises du secteur privé employant au moins 10 salariés. Son taux est de 2 % et son attribution dépend des disponibilités de l'entreprise.

L'apport personnel, le PEL et le 1 % logement permettent donc de couvrir avec de faibles intérêts une partie de votre projet. Le reste peut être couvert par :

☐ un prêt PAS : le Prêt à l'Accession Sociale est accordé selon des conditions de surfaces habitables minimales, de prix maximal au m^2, à des personnes dont les ressources sont inférieures à certains plafonds.

☐ un prêt PAP : le Prêt en accession à la Propriété est réservé aux familles dont les ressources ne dépassent pas un certain plafond. Son taux est inférieur à 9 %. Ce prêt ouvre droit, sous certaines conditions, à l'APL.

☐ un prêt conventionné : son attribution dépend de la surface et du coût au m^2 du logement. Ce prêt ouvre droit, sous certaines conditions à l'APL.

☐ un prêt bancaire : il s'agit de le négocier.

■■■ À qui demander une simulation financière ?

Où vous adresser pour obtenir une simulation de prêt en vue d'acquérir un logement ? Vous pouvez contacter différents organismes financiers avant de vous engager. A l'aide des renseignements que vous fournirez, ils vous proposeront le plan de financement le plus adapté à votre situation. Les Agences départementales pour l'information sur le logement (ADIL) peuvent vous informer sur vos possibilités et vous fournir des simulations de remboursement.

■■■ Un conseil

Quand vous établissez votre plan de financement ne surestimez pas vos ressources et ne sous-estimez pas vos charges. Pensez également qu'au bout de quelques années vous devrez changer de voiture par exemple. Enfin sachez que votre taux d'endettement ne peut être supérieur à 30 % de vos ressources.

ADIL :
CENTRES D'INFORMATIONS SUR L'HABITAT

AGRÉÉS PAR L'ANIL ET CONVENTIONNÉS PAR LE MINISTÈRE DE L'ÉQUIPEMENT, DU LOGEMENT, DES TRANSPORTS

ADIL DE L'AIN
34, rue Général-Delestraint
01011 BOURG-EN-BRESSE

ADIL DE L'ALLIER
6/8, rue Laussedat
03000 MOULINS
28, rue Paul-Constant
03100 MONTLUÇON
2, boulevard de Russie
03200 VICHY

ADIL DES ALPES MARITIMES
32, rue Michel-Ange
06100 NICE
6, rue Forville
06400 CANNES
31, rue Aubernon
06600 ANTIBES

ADIL DES ARDENNES
17, rue Bayard - BP 117
08002 CHARLEVILLE-MÉZIÈRES

ADIL DE L'AUBE
34, rue Louis-Ulbach
10004 TROYES CEDEX

ADIL DE LA CORRÈZE
1, quai Gabriel-Péri
19000 TULLE

ADIL DE CORSE DU SUD
Immeuble Panero
Boulevard Dominique Paoli
20000 AJACCIO

ADIL DE LA CÔTE-D'OR
4, rue Paul Cabet
21000 DIJON

ADIL DES CÔTES-D'ARMOR
3 bis, rue 71e R.I. BP 4132
22041 SAINT-BRIEUC CEDEX 02

ADIL DE LA DORDOGNE
3, rue Victor Hugo
24000 PÉRIGUEUX

ADIL DU DOUBS
37, rue Battant
25000 BESANÇON
4, place Saint-Martin
25200 MONTBÉLIARD

ADIL DE LA DRÔME
31, rue Faventines
26000 VALENCE

ADIL DE L'EURE
8, boulevard Georges-Chauvin
BP 734 - 27007 ÉVREUX

ADIL DU FINISTÈRE
4 bis, rue Jean-Jaurès
29000 QUIMPER
14, boulevard Gambetta
29200 BREST

ADIL DU GARD
7, rue Nationale
30000 NÎMES

ADIL DE LA HAUTE-GARONNE
9, rue Saint-Antoine du T
31000 TOULOUSE

ADIL DE LA GIRONDE
11 bis, Cours du Chapeau Rouge
33000 BORDEAUX

ADIL DE L'ILLE-ET-VILAINE
22, rue Poullain-Duparc
35000 RENNES

ADIL DE L'INDRE
23, rue des Mousseaux
36000 CHATEAUROUX

ADIL DU JURA
16, rue des Cordeliers
39000 LONS-LE-SAUNIER

ADIL DES LANDES
141, avenue Rozanoff
40000 MONT-DE-MARSAN

ADIL DU LOIR-ET-CHER
5, rue d'Angleterre
41000 BLOIS

ADIL DE LA LOIRE-ATLANTIQUE
6, rue de l'Arche-Sèche
44000 NANTES
14, rue Albert-de-Mun
44600 SAINT-NAZAIRE

ADIL DU LOT
64, boulevard Gambetta
46000 CAHORS

ADIL DE LA MAYENNE
10, rue de Strasbourg
53000 LAVAL

ADIL DE LA MEURTHE-ET-MOSELLE
Place des Ducs de Bar
54000 NANCY

ADIL DU MORBIHAN
33, rue Hoche
56000 VANNES
2C, boulevard Franchet d'Esperey
56100 LORIENT

NORD
1, rue de Beaumont
59140 DUNKERQUE
64, rue Canteleu
59500 DOUAI
1, place Porte-Notre-Dame
59400 CAMBRAI
Hôtel de Ville - 17, Grand'Place
59100 ROUBAIX
Hôtel de Ville

Place Victor-Hasbroucq
59200 TOURCOING
2, rue Alexandre-Desrousseaux
59800 LILLE
12, avenue d'Amsterdam
59300 VALENCIENNES

ADIL DE L'OISE
36/38, rue Racine
60000 BEAUVAIS

ADIL DU PUY-DE-DÔME
28, rue St Esprit
63000 CLERMONT-FERRAND

ADIL DES HAUTES-PYRÉNÉES
Résidence Brasilia - 24, rue Larrey
65000 TARBES

ADIL DU RHÔNE
9, rue Vauban
69006 LYON

ADIL DE LA HAUTE-SAÔNE
26, rue Fleurier
70000 VESOUL

ADIL DE SAÔNE-ET-LOIRE
13, rue Gabriel-Jeanton
71000 MACON
11, rue du Pont
71100 CHALON-SUR-SAÔNE
12, rue Pierre et Marie-Curie
71200 LE CREUSOT
5, rue de l'Hôpital
71600 PARAY-LE-MONIAL

ADIL DE LA SAVOIE
131, rue Juiverie
73000 CHAMBÉRY
37, rue Ducroz
73300 SAINT-JEAN-DE-MAURIENNE
65, rue de la République
73200 ALBERTVILLE

ADIL DE LA HAUTE-SAVOIE
4, avenue de Chambéry
74000 ANNECY

ADIL DE PARIS
95, rue du Cherche-Midi
75006 PARIS

ADIL DE SEINE-MARITIME
3, rue Jacques-Fouray
76000 ROUEN SAINT-SEVER
8, rue de l'Oranger
76200 DIEPPE
100, boulevard Clemenceau
Résidence de France
76600 LE HAVRE

ADIL DE SEINE-ET-MARNE
9, place Praslin
77000 MELUN

52, rue de l'Abreuvoir
77100 MEAUX
Rue Benjamin-Delessert
77127 LIEUSAINT
MELUN-SÉNART
3, place de l'Arche-Guédon
77200 TORCY
MARNE-LA-VALLÉE

ADIL DE LA SOMME
(Ouverture prochaine)

ADIL DU TARN-ET-GARONNE
2, quai de Verdun
82000 MONTAUBAN

ADIL DU VAR
44, rue Picot
83000 TOULON
Conseil général du Var
Rond-Point du 4 décembre 1974
83007 DRAGUIGNAN

ADIL DU VAUCLUSE
4 bis, place Jérusalem
84000 AVIGNON

ADIL DE LA VIENNE
33, rue Édouard-Grimaux
86000 POITIERS
94, rue Blossac
86100 CHATELLERAULT

ADIL DE LA HAUTE-VIENNE
1, rue des Allois
87000 LIMOGES

ADIL DE L'YONNE
58, boulevard Vauban
89000 AUXERRE

ADIL DE L'ESSONNE
17, rue des Mazières
91000 ÉVRY

ADIL DES HAUTS-DE-SEINE
3 bis, rue du Docteur-Foucault
92000 NANTERRE

ADIL DU VAL-D'OISE
Parvis de la Préfecture
Les Oréades
95000 CERGY
7, rue Cristino Garcia
Tour Europe
95600 EAUBONNE
Centre commercial des Flanades
Porte du Limousin
47, avenue Paul-Valéry
95200 SARCELLES

ADIL DE LA RÉUNION
12, rue Monseigneur de Beaumont
BP 1161
97483 SAINT-DENIS CEDEX

ADIL DE LA GUADELOUPE
(Ouverture prochaine)

FAMILLE
TRAVAIL
ADMINISTRATION
LOGEMENT
TRANSPORT
VIE PRATIQUE

Les aides au logement

Les aides au logement, versées par les caisses d'allocations familiales, permettent, pendant un certain temps, de couvrir une partie du loyer ou de la mensualité de remboursement du prêt contracté pour acquérir son logement. Elles sont octroyées aux personnes dont les revenus ne dépassent pas certains plafonds.

Quelles sont les différentes aides au logement ?

L'allocation de logement et l'Aide personnalisée au logement sont des aides possibles octroyées par la caisse d'allocations familiales. Aucun cumul n'est permis.

L'Aide Personnalisée au Logement

L'APL prend en charge une partie de votre loyer ou de votre mensualité de remboursement de prêt pour l'acquisition, l'agrandissement ou l'amélioration de votre résidence principale. Elle peut vous être accordée sous certaines conditions.

Le montant de l'APL varie selon vos revenus, votre nombre d'enfants à charge, le montant du loyer ou des mensualités de remboursement d'emprunt, et votre localité… Sauf exceptions, l'APL est versée directement au bailleur en cas de location et à l'organisme de crédit dans le cas d'une accession à la propriété.

L'allocation de logement

L'allocation de logement est aussi la prise en charge d'une partie de votre loyer ou de votre mensualité de remboursement de prêt (sous certaines conditions) pour l'acquisition, l'agrandissement ou l'amélioration de votre logement. Cette allocation vous sera accordée sous certaines conditions : le logement doit avoir un confort minimum et une surface minimale variant selon le nombre d'occupants.

Son montant varie selon :
- les ressources
- la situation familiale
- la nature du logement
- le lieu de résidence
- le montant du loyer ou des remboursements de prêt.

Remarque : cette allocation ne peut pas vous être attribuée si votre logement a été mis à disposition par un de vos descendants ou ascendants, même s'il y a versement d'un loyer.

1 La résidence principale est le lieu où vous vivez habituellement.

2 Complétez avec soin cette rubrique ; des contrôles sont possibles.

3 Un sous-locataire est une personne qui est locataire d'un logement qui est déjà loué. Celui qui reçoit le loyer du sous-locataire n'est pas le propriétaire.

2 Ce document est une déclaration sur l'honneur.

DEMANDE D'ALLOCATION LOGEMENT

1

Informez-nous sur votre logement.

• Ce logement est-il votre résidence principale ? ⬚ OUI ⬚ NON

2 ➔ • Quelle est la surface totale de votre logement ? ⬚ m²

Pour calculer la surface totale de votre logement, additionnez les surfaces des pièces (chambres, séjour, salle à manger, cuisine, salle de bains, WC, couloir, entrée, débarras, placards). Mais ne comptez pas les balcons, les loggias, les terrasses.

– Ce logement sert-il à usage professionnel ? ⬚ OUI ⬚ NON

Si OUI, indiquez la surface des pièces à usage uniquement professionnel ⬚ m²

– Avez-vous loué ou sous-loué une partie de votre logement à d'autres personnes ? ⬚ OUI ⬚ NON

• A quel titre occupez-vous votre logement ?

3 ➔ ☐ Vous êtes locataire.
☐ Vous êtes sous-locataire.
☐ Vous êtes logé(e) à l'hôtel.
☐ Vous êtes logé(e) en meublé.

Attention : Joignez votre quittance de loyer du mois d'entrée dans votre logement. Si vous êtes logé(e) en meublé, cette quittance doit préciser le loyer principal + le montant des charges + le montant de la location des meubles.

Précisez le nom et l'adresse de votre propriétaire _____

☐ Vous êtes propriétaire et vous remboursez un ou plusieurs prêts.
Attention : Joignez vos certificats de prêt.

• Quelle est la nature de votre logement ?

☐ Vous habitez un logement H.L.M.
☐ Vous habitez dans un immeuble ou une maison individuelle construit(e) après le 1er septembre 1948.

Si vous n'êtes pas dans l'un de ces deux cas ou si vous ne savez pas la date de construction de votre logement, répondez aux questions suivantes :

– Avez-vous l'eau potable dans votre logement ? ⬚ OUI ⬚ NON
– Avez-vous un évier ? ⬚ OUI ⬚ NON
– Disposez-vous d'un WC ? (dans votre logement ou à l'extérieur) ⬚ OUI ⬚ NON
– Disposez-vous d'un moyen de chauffage ? ⬚ OUI ⬚ NON
Si OUI, lequel ? _____

4

Déclaration sur l'honneur.

La loi rend passible d'amende et/ou d'emprisonnement quiconque se rend coupable de fraudes ou de fausses déclarations (Art. L 554.1 du code de la Sécurité Sociale, Art. 150 du Code Pénal). L'organisme débiteur de prestations familiales peut vérifier l'exactitude des déclarations qui lui sont faites (Art. L 583.3 du code de la Sécurité Sociale).

Je soussigné(e) certifie sur l'honneur que les renseignements fournis sur cette demande sont exacts. Je m'engage à signaler immédiatement tout changement modifiant cette déclaration.

4

Le _____ 19 _____

Signature :

FAMILLE
TRAVAIL
ADMINISTRATION
LOGEMENT
TRANSPORT
VIE PRATIQUE

Le permis de conduire

Le permis de conduire est une autorisation administrative pour conduire des véhicules à moteur dont la cylindrée dépasse un certain seuil. Plusieurs formules existent maintenant pour apprendre à conduire et passer le permis. Un apprentissage et des démarches administratives sont nécessaires pour pouvoir le passer.

■ Comment apprendre à conduire une voiture ?

Pour apprendre à conduire une voiture, on peut s'adresser à une auto-école. Plusieurs formules existent.

☐ Une formule traditionnelle : vous payez chaque heure de conduite et chaque heure de code (ou un forfait code) jusqu'à la réussite de l'épreuve théorique.

☐ La conduite accompagnée qui se passe en plusieurs étapes :

- au cours de la première étape, vous prenez au moins 20 heures de leçon de conduite et autant de leçons de code que vous le désirez avant de passer l'épreuve théorique (le code) ;

- dès que vous avez obtenu l'attestation de fin de formation initiale avec réussite à l'épreuve théorique, la conduite accompagnée peut commencer ;

- un premier rendez-vous pédagogique a lieu entre 4 et 6 mois après la fin de formation initiale et après avoir parcouru 1 000 kilomètres au moins ;

- un deuxième rendez-vous pédagogique doit être fixé dans les 2 mois avant la fin de la période de conduite accompagnée et après avoir parcouru 3 000 kilomètres au moins ;

- enfin, l'épreuve pratique se déroule à l'issue de la période de conduite accompagnée.

■ Comment passer le permis B ?

On peut :

☐ s'adresser à une auto-école : on passe le permis théorique (le code) puis le permis

pratique (la conduite) avec un inspecteur dans le véhicule de l'auto-école ;

☐ se présenter comme candidat libre : on passe le permis théorique (le code) puis le permis pratique (la conduite) avec un inspecteur dans n'importe quel véhicule. Ce véhicule doit être équipé d'une double commande et être assuré à la fois pour le chauffeur et l'inspecteur.

■ Quelles pièces doit-on fournir ?

Les candidats doivent fournir une demande de permis de conduire remplie ; un timbre fiscal ; 2 photos d'identité ; 1 fiche individuelle d'état civil et de nationalité ; 2 enveloppes timbrées.

Si vous passez par une auto-école, on peut vous demander des frais d'inscription ; vous proposer d'acheter le livre de code ; vous demander davantage de timbres-poste ou de photos d'identité.

---

1 Le permis A concerne toutes les motocyclettes (âge minimum : 18 ans).

2 Le permis B permet de conduire tous les véhicules automobiles :
- dont le poids total autorisé en charge (PTAC) n'excède pas 3 500 kg ;
- qui ne peuvent pas transporter plus de 8 personnes, chauffeur non compris. (âge minimum : 18 ans).

C'est le permis le plus demandé car il permet de conduire les voitures, fourgons et fourgonnettes.

DEMANDE DE PERMIS DE CONDUIRE
(articles R 123 à R 129 du Code de la Route)

cerfa

N° 47-0210

RÉSERVÉ A L'ADMINISTRATION

PRÉFECTURE

Service des Permis de conduire

Réf. **02**

NOM (nom de naissance)
E.Q.U.E.L.L.E

M. | Mᵐᵉ | Mˡˡᵉ (1) PRÉNOMS (au complet dans l'ordre de l'état civil)
☒ E.R.I.C. A.N.D.R.E. J.U.L.I.E.N

NOM D'ÉPOUX (s'il y a lieu)

	JOUR	MOIS	ANNÉE
DATE DE NAISSANCE	0.6	0.3	1.9.7.2

LIEU DE NAISSANCE
COMMUNE (pour les grandes villes, indiquer s'il y a lieu le n° d'arrondissement)
A.N.N.E.C.Y   Département 0.7.4

PAYS POUR L'ÉTRANGER - DÉPARTEMENT OU TERRITOIRE POUR L'OUTRE-MER

LIEU DE RÉSIDENCE
ADRESSE COMPLÈTE
2.3. A.V.E.N.U.E. A.N.A.T.O.L.E. F.R.A.N.C.E.

CODE POSTAL   COMMUNE
1.0.0.0.0 T.R.O.Y.E.S

Catégorie de permis demandée (1)

Aᴛ	Aʟ	A	B	Eʙ	C	Eᴄ	D
			☒				

Le candidat doit-il conduire un véhicule aménagé ? (1)   OUI ☐   NON ☒

Est-il titulaire d'un permis d'une ou de plusieurs autre(s) catégorie(s) ? (1)   OUI ☒   NON ☐

Si oui, catégorie(s) déjà obtenue(s)   *Permis A*

Premier permis obtenu le
JOUR	MOIS	ANNÉE	
0.6	0.2	1.9.9.1	à TROYES

FAMILLE
TRAVAIL
ADMINISTRATION
LOGEMENT
TRANSPORT
VIE PRATIQUE

Le permis à points

> Le permis à points est une réglementation administrative qui vise à inciter les conducteurs à la prudence et au respect des règles de sécurité routière. Épargner des vies, éviter des blessés sont les principaux objectifs de cette nouvelle réglementation.

Sur quels principes repose-t-il ?

Au départ, en tant que titulaire d'un permis de conduire toutes catégories confondues, vous disposez d'un capital de 12 points. À chaque infraction aux prescriptions du code de la route vous êtes sanctionné par la perte d'un nombre de points établi d'après un barème précis. Il existe 5 degrés de gravité des fautes. Vous pouvez ainsi perdre 6, 4, 3, 2 ou 1 point sur 12.

Recevrez-vous un nouveau permis ?

Votre permis ne change pas de présentation. C'est l'ordinateur des services de la préfecture qui, en fonction des infractions sanctionnées que vous aurez commises, assurera la gestion de vos points.

Comment savoir où vous en êtes ?

Lorsque l'infraction est constatée, les forces de l'ordre vous signalent le risque de retrait de points.

Le retrait intervient quand la condamnation prononcée par le juge est devenue définitive, ou quand l'amende forfaitaire a été payée. Le retrait reste confidentiel. Il n'a pas à être communiqué à l'employeur ou à l'assureur. Lorsque vous avez perdu 1 ou plusieurs points, vous en êtes avisé par lettre simple. Lorsque votre capital de 12 points est épuisé, vous en êtes informé par lettre recommandée. Votre permis est alors annulé et vous disposez d'un délai de sept jours pour le restituer aux autorités préfectorales. Le retrait des points s'ajoute aux sanctions déjà encourues en cas d'infraction : amende, suspension du permis, peine de prison... Quand deux infractions sont commises en même temps, les points retirés se cumulent.

On peut perdre au maximum 6 points pour plusieurs contraventions commises en même temps, et 8 points pour plusieurs contraventions dont au moins un délit. Un retrait de 12 points en une seule fois est impossible.

Comment récupérer votre permis en cas d'épuisement des points ?

Vous devez attendre six mois. Vous devez subir un examen médical et psycho-technique. Vous subissez l'épreuve théorique du code de la route. Si vous êtes titulaire d'un permis de conduire depuis au moins trois ans, vous ne repassez pas les épreuves pratiques mais un entretien pédagogique. Dans tous les cas, vous pouvez commencer ces formalités avant les six mois de délai. Vous retrouvez automatiquement et en totalité vos 12 points si pendant trois ans, vous n'avez pas commis la moindre infraction. Vous pouvez également récupérer 4 points si vous décidez de suivre un stage de sensibilisation à la sécurité routière. Cela vous reviendra à 1 500 F en moyenne.

Lexique

Homicide : on parle d'homicide lorsqu'il y a mort d'un être humain.

Refus d'obtempérer : refus d'obéir.

Entrave : obstacle.

Incapacité totale de travail : dans ce cas, la victime ne peut plus travailler pendant une certaine période.

Chevauchement : il y a chevauchement lorsque la ligne continue n'est pas franchie par la totalité du véhicule.

LE BARÈME DU PERMIS À POINTS

6 points (délits)

• Homicide ou blessures involontaires entraînent une incapacité totale de travail de plus de trois mois.

• Conduite en état d'alcoolémie (taux supérieur à 0,80 g/l).

• Refus de se soumettre aux vérifications d'alcoolémie.

• Délit de fuite.

• Refus d'obtempérer, d'immobiliser son véhicule ou de se soumettre aux vérifications.

• Entrave ou gêne à la circulation.

• Usage volontaire de fausses plaques d'immatriculation, défaut volontaire de plaques et fausses déclarations.

• Conduite en période de suspension de permis.

• Récidive de défaut de présentation du permis (pas de retrait de points la première fois).

4 points (contraventions)

• Blessures involontaires entraînant une incapacité de travail n'excédant pas trois mois.

• Non-respect de la priorité.

• Non-respect de l'arrêt imposé par le panneau « stop » ou par le feu rouge fixe ou clignotant.

• Dépassement de 40 km/h ou plus de la vitesse maximale autorisée.

• Circulation la nuit ou par temps de brouilllard en un lieu dépourvu d'éclairage public, d'un véhicule sans éclairage, ni signilisation.

• Marche arrière ou demi-tour sur autoroute.

• Circulation en sens interdit.

3 points (contraventions)

• Circulation sans motif sur la partie gau-che de la chaussée.

• Franchissement d'une ligne continue seule ou quand elle n'est pas doublée par une ligne discontinue du côté de l'usager.

• Changement important de direction sans que le conducteur se soit assuré que la manœuvre est sans danger pour les autres usagers et sans qu'il ait averti ceux-ci de son intention.

• Dépassement de la vitesse maximale autorisée compris entre 30 et moins de 40 km/h.

• Pour les conducteurs titulaires d'un permis de conduire depuis moins d'un an, dépassement de moins de 40 km/h de la vitesse maximale autorisée.

• Arrêt dangereux.

• Stationnement sur la chaussée la nuit ou par temps de brouillard, en un lieu dépourvu d'éclairage public, d'un véhicule sans éclairage ni signalisation.

• Circulation sur bande d'arrêt d'urgence.

• Taux d'alcoolémie compris entre 0,50 g/l et 0,79 g/l.

2 points (contraventions)

• Dépassement de la vitesse maximale autorisée compris entre 20 et moins de 30 km/h.

• Accélération de l'allure par le conducteur d'un véhicule sur le point d'être dépassé.

• Circulation ou stationnement sur le terre-plein central d'autoroute.

• Chevauchement d'une ligne continue.

1 point (contraventions)

• Dépassement de la vitesse maximale autorisée de moins de 20 km/h.

• Maintien des feux de route gênant les conducteurs venant en sens inverse malgré leurs appels de phares.

• Chevauchement d'une ligne continue seule ou quand elle n'est pas doublée par une ligne discontinue du côté de l'usager.

• Défaut de port du casque.

• Défaut de port de ceinture de sécurité.

FAMILLE
TRAVAIL
ADMINISTRATION
LOGEMENT
TRANSPORT
VIE PRATIQUE

La carte grise

La carte grise est un document qui atteste que l'on est proprié-taire de son véhicule. Elle est établie par l'autorité administrative et elle est obligatoire. Dans un souci de prévention, des modifications y ont été apportées. On doit toujours l'avoir avec soi dès que l'on utilise son véhicule.

▰▰▰ Quelles pièces vous fournit-on lors de l'achat d'un véhicule neuf ?

On vous remet :
- ☐ la facture le concernant ;
- ☐ le bon de garantie s'il y a lieu ;
- ☐ la carte grise provisoire.

▰▰▰ Quelles pièces supplémentaires vous remet-on lors de l'achat d'un véhicule d'occasion ?

S'il s'agit d'un véhicule d'occasion, on vous remet aussi :

☐ la carte grise barrée portant la mention « Vendu le… » avec la signature du propriétaire précédent (*remarque* : si la carte grise est récente, son coin supérieur droit sera aussi découpé).

☐ le certificat de passage au contrôle technique de moins de 6 mois si le véhicule a plus de quatre ans ;

☐ le certificat de vente établi par l'ancien propriétaire ;

☐ le certificat de situation si le véhicule provient d'un autre département. Il est conseillé de demander ce certificat même si le véhicule ne change pas de département ;

☐ le talon de la vignette fiscale.

---

1 Nom du département dans lequel est délivrée la carte grise.

2 Numéro figurant sur la plaque minéra-logique du véhicule.

3 Date à laquelle a été délivrée la carte grise

4 Date à laquelle le véhicule a été mis en service.

5 Nom du propriétaire du véhicule.

6 Adresse du propriétaire du véhicule.

7 Toutes ces indications figurent sur le certificat de conformité :
- VP : véhicule particulier ;
- EN : énergie ;
- GO : gazole ;
- Es : essence ;
- GPL : gaz liquide ;
- Puiss : puissance, nombre de chevaux fiscaux (CV) ;
- Pl. ass. : nombre de places assises ;
- Poids TC : poids total autorisé en charge ;
- Poids TR : poids total roulant autorisé.

8 Br : bruit — niveau sonore de référence.

9 Rég. mot. : régime moteur.

10 Somme à payer pour obtenir la carte grise.
Le tarif varie selon l'année de mise en circulation et la puissance fiscale du véhicule.

11 La visite technique est obligatoire pour les véhicules qui ont plus de cinq ans.

12 Numéro de la carte grise. Il se trouve à cheval sur l'hologramme et le papier.

13 Cachet de la préfecture ou sous-préfecture ayant délivré la carte grise.

14 En cas de vente du véhicule, il faut :
- écrire en grand sur la carte grise la mention « Vendu le … » et signer ;
- découper le coin supérieur droit de la carte grise s'il y a lieu.

15 Hologramme accolé par chauffage sur la carte. On ne peut l'arracher sans le détruire.

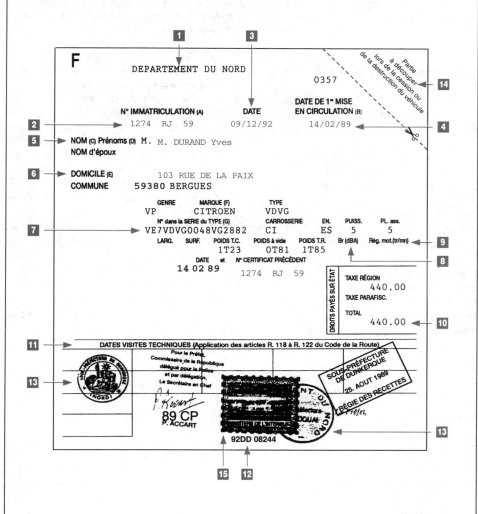

F

DEPARTEMENT DU NORD

0357

1

3

14 Partie à découper lors de la cession ou de la destruction du véhicule

N° IMMATRICULATION (A)   DATE   DATE DE 1re MISE EN CIRCULATION (B)

2 → 1274 RJ 59   09/12/92   14/02/89   ← **4**

5 → NOM (C) Prénoms (D) M. M. DURAND Yves
NOM d'époux

6 → DOMICILE (E)   103 RUE DE LA PAIX
COMMUNE   59380 BERGUES

GENRE   MARQUE (F)   TYPE
VP   CITROEN   VDVG
N° dans la SERIE du TYPE (G)   CARROSSERIE   EN.   PUISS.   PL. ass.
7 → VE7VDVG0048VG2882   CI   ES   5   5
LARG.   SURF.   POIDS T.C.   POIDS à vide   POIDS T.R.   Br (dBA)   Rég. mot.(tr/mn)   **9**
1T23   0T81   1T85
8
DATE   et   N° CERTIFICAT PRÉCÉDENT
14 02 89   1274 RJ 59

DROITS PAYÉS SUR ÉTAT

TAXE RÉGION   440,00
TAXE PARAFISC.
TOTAL   440,00   ← **10**

11 DATES VISITES TECHNIQUES (Application des articles R. 118 à R. 122 du Code de la Route)

13

Pour le Préfet,
Commissaire de la République
délégué pour la Police
et par délégation,
Le Secrétaire en Chef

89 CP
P. ACCART

SOUS-PRÉFECTURE
DE DUNKERQUE
25. AOUT 1989
RÉGIE DES RECETTES

13

92DD 08244

15   **12**

FAMILLE
TRAVAIL
ADMINISTRATION
LOGEMENT
TRANSPORT
VIE PRATIQUE

Le certificat de situation

> Le certificat de situation garantit que le véhicule acheté n'est pas gagé, c'est-à-dire qu'il ne risque pas d'être saisi en cas de dette. Elle est parfois obligatoire lors de l'achat d'une voiture d'occasion.

■ Quand faut-il un certificat de situation ?

Le certificat de situation est obligatoire :
☐ lors d'un déménagement dans un autre département. En effet, il faut alors demander une nouvelle carte grise.
Remarque : vous avez un délai d'un mois et cette carte grise est gratuite ;
☐ quand vous achetez un véhicule d'occasion dans un autre département.
Remarque : il est conseillé de demander ce document même si le véhicule provient du même département que le vôtre.
Vous devez remettre ce certificat de situation à votre sous-préfecture, ou préfecture, avec votre formulaire de demande de certificat d'immatriculation.
Remarque : ce certificat reste valable un mois.

■ Comment se procurer le formulaire de demande de certificat de situation ?

Vous pouvez trouver ce formulaire :
☐ à la préfecture ;
☐ à la sous-préfecture ;
☐ dans les mairies.

■ À qui faire parvenir cette demande de certificat de situation ?

À la préfecture du département indiqué sur la carte grise. Envoyez en même temps une enveloppe timbrée avec vos noms, prénom et adresse ; la préfecture vous enverra le certificat demandé.
Remarque : ce service est gratuit.

■ Quels sont les autres documents nécessaires pour l'achat d'un véhicule d'occasion ?

Le vendeur doit vous remettre sa carte grise portant la mention « vendu le... » avec sa signature. Il vous donne aussi le certificat de passage au contrôle technique qui doit avoir moins de 6 mois si le véhicule a plus de 4 ans. Enfin il vous remet le certificat de vente ainsi que le talon de la vignette fiscale.
En ce qui vous concerne vous devez remplir une demande d'immatriculation et vous rendre à la préfecture ou à la sous-préfecture avec l'ensemble des pièces. On vous remettra votre nouvelle carte grise après que vous aurez acquitté la taxe, dont le montant dépend de la puissance fiscale du véhicule et de l'année de mise en circulation de celui-ci.

1 Dorénavant, un particulier qui fait l'objet d'une saisie par huissier, ou qui n'a pas payé son crédit, ses amendes ou ses impôts, ne pourra plus vendre son véhicule avant d'avoir réglé ses dettes.

2 Toutes ces indications figurent sur la carte grise du véhicule.

3 Lieu et date à laquelle vous écrivez.

4 Signature de la personne qui demande le certificat de situation.

DEMANDE DE CERTIFICAT DE SITUATION

Monsieur le Préfet,

J'ai l'honneur de solliciter la délivrance d'une attestation indiquant si le véhicule dont les caractéristiques sont précisées ci-dessous FAIT ou NE FAIT PAS ◀── **1**
L'OBJET d'une inscription de la part d'une Société de Crédit dans votre département.

Remplir la grille ci-dessous en recopiant la carte grise du véhicule

Département : PAS - DE - CALAIS

N° immatriculation	date	date 1ère mise circul
2342 NM 62	21 06 89	21 06 89

Nom   Prénoms   BOULIN   ERIC

Domicile 28 rue Jean Derheims - ST-OMER

Genre	Marque	Type	N° dans la série du type		
VP	CITROEN	XBEK	VF7XBEK0006EK0906		
Carrosserie	Energie	Puissance	Place assise	N° Immatriculation précédent	
CI	GO	5	5	NEUF	

P.T.C.	P. à V.	C. U.	P.T.R.	Larg	surf	date certificat précédent
1,50	1,02		2,60			

◀── **2**

Veuillez agréer, Monsieur le Préfet, l'assurance de ma considération distinguée.

Fait à _____ le _____ ◀── **3**

Signature, ◀── **4**

IMPORTANT : JOINDRE UNE ENVELOPPE TIMBREE A VOTRE ADRESSE POUR LA REPONSE et adresser cette demande au Préfet, Service des Cartes Grises du Département d'immatriculation du véhicule.

121

FAMILLE

TRAVAIL

ADMINISTRATION

LOGEMENT

TRANSPORT

VIE PRATIQUE

L'assurance automobile

> Dès l'achat d'un véhicule, on doit veiller à l'assurer. L'assurance est en effet obligatoire. Elle est demandée au moment des contrôles routiers. Il est recommandé de se renseigner auprès de plusieurs compagnies d'assurances pour comparer les prix et les risques couverts.

▬ Qu'est-ce qu'une assurance ?

L'assurance est une protection qui limite les conséquences financières contre un événement malheureux (le risque). Elle permet d'être remboursé en cas d'incendie, d'accident ou de toucher une somme d'argent (l'indemnité) en cas de décès, d'handicap...

▬ À quoi sert l'assurance automobile ?

L'assurance automobile rembourse obligatoirement les dégâts causés aux autres par votre véhicule.

Si vous payez un supplément, l'assurance :

□ rembourse les dégâts que peut subir votre véhicule à la suite d'un incendie, d'un vol, d'un choc (collision) ;

□ vous défend devant les tribunaux quand c'est nécessaire ;

□ donne une somme d'argent (l'indemnité) si les personnes transportées dans votre véhicule sont tuées ou handicapées, à la suite d'un accident.

▬ Comment s'assurer ?

On signe un contrat avec une société d'assurance automobile. Il faut payer une certaine somme d'argent (la cotisation ou la prime) chaque mois, tous les trois mois, tous les six mois ou une fois par an.

En échange, vous recevrez trois documents :

□ un imprimé (la police d'assurance). Il prouve que vous avez signé un contrat avec une société d'assurance. Il indique tous les détails de votre contrat ;

□ une carte internationale d'assurance (feuille verte). Vous devez toujours l'avoir

sur vous quand vous vous déplacez avec votre voiture ; elle doit impérativement être signée pour être valable ;

□ une petite vignette verte que vous collerez sur votre pare-brise. Elle prouve que votre véhicule est assuré.

---

1 Le véhicule est assuré pendant la période comprise entre les deux dates inscrites.

2 Numéro se trouvant sur la plaque d'immatriculation du véhicule.

3 Numéro de la société d'assurance.

4 Numéro de l'assuré (personne qui a signé le contrat d'assurance) ou de la police d'assurance.

5 Nom et adresse de la société d'assurance avec laquelle l'assuré a signé le contrat.

6 Marque du véhicule.

7 Lettre qui indique la catégorie du véhicule.

8 Signification des différentes lettres que l'on peut trouver dans la case « catégorie du véhicule ».

9 La mention « Dom » est indiquée quand l'assuré paie un supplément à l'assurance obligatoire.

10 Ceci indique le groupe de tarification auquel appartient le véhicule.

ATTESTATION D'ASSURANCE

1. CARTE INTERNATIONALE D'ASSURANCE AUTOMOBILE **ORIGINAL**

2. Émise par le BUREAU CENTRAL FRANÇAIS DES SOCIÉTÉS D'ASSURANCE CONTRE LES ACCIDENTS D'AUTOMOBILES.

3. **VALABLE** (ces deux dates comprises)						4. NUMÉRO D'IDENTIFICATION DE LA SOCIÉTÉ ÉMÉTTRICE
DU Jour	Mois	Année	Jour	Mois	AU Année	**F 567**
28	08	98	31	03	99	

5. N° d'immatriculation ou, en l'absence de N° d'immatriculation, N° du chassis ou N° du moteur	6. Catégorie et marque du véhicule *
2990PM29	A CITROEN DOM : G04

(Rayer les pays dans lesquels cette carte n'est pas valable)	A	B	D	DK	F	GB	I	IRL	L	NL	BG	CH	CS
DDR	N	S	SF	E	GR	H	IL	IR	IS	M	MA	P	PL	R	TN	TR	YU		

7. Nom et adresse de l'Assuré (ou de l'utilisateur du véhicule)
M., Mme, Mlle

0984277D

JAGUELIN   PASCAL

5904

5 RUE CLEMENCEAU
29000 QUIMPER

8. Cette carte a été délivrée par (nom et adresse de l'Assureur)	9. Signature de l'Assureur
MUTUELLE ASSURANCE DE FRANCE Société d'assurance à forme mutuelle à cotisations variables Entreprise régie par le code des assurances 75038 PARIS CEDEX - Tél. 40.73.74.75	

CARTE INTERNATIONALE D'ASSURANCE AUTOMOBILE / INTERNATIONAL MOTOR INSURANCE CARD

1° Dans chaque pays visité, le Bureau de ce pays assume pour ce qui a trait à l'utilisation du véhicule décrit ci-dessus la responsabilité qu'aurait un assureur conformément aux lois de ce pays relatives à l'obligation d'assurance.

2° Si la législation du pays visité ou un accord conclu avec le Gouvernement de ce pays l'exige, le Bureau du pays visité assume cette responsabilité après expiration de la validité de la carte.

3° Dans ce cas l'assuré soussigné s'engage à payer la prime correspondant à la durée de son séjour après la date limite de validité de la carte.

4° L'assuré soussigné autorise par le présente le Bureau Central Français, ainsi que les Bureaux du ou des Pays indiqués au verso, auxquels le Bureau Central Français a délégué ses pouvoirs, à recevoir les notifications, à instruire et à régler, pour son compte, toute demande de dommages-intérêts qui met en cause la responsabilité à l'égard des tiers, que les lois sur l'assurance obligatoire du ou des pays indiqués au verso lui font une obligation de couvrir par une assurance et qui peut résulter de l'utilisation du véhicule dans ce pays (ou ces pays).

5° Signature de l'assuré

6° Pour les personnes se rendant en Grande-Bretagne et en Irlande du Nord seulement : signature de toutes autres personnes qui peuvent utiliser le véhicule.

Cette carte n'est valable que si elle est signée par l'assuré.

* CATÉGORIE DE VÉHICULE (CODE) :   A. AUTOMOBILE   B. MOTOCYCLE   C. CAMION OU TRACTEUR   D. CYCLE MOTEUR   E. AUTOBUS OU AUTOCAR   F. REMORQUE

(reproduction interdite)

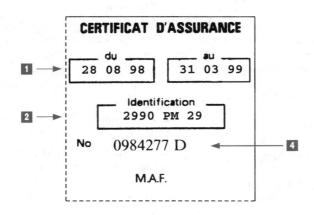

CERTIFICAT D'ASSURANCE

du	au
28 08 98	31 03 99

Identification
2990 PM 29

No   0984277 D

M.A.F.

FAMILLE

TRAVAIL

ADMINISTRATION

LOGEMENT

TRANSPORT

VIE PRATIQUE

Le constat d'accident

> Le constat amiable d'accident automobile comporte deux feuillets. Le premier est pour votre assureur, le second pour celui de l'autre conducteur. Le constat est indispensable en cas d'accident. Veillez à ce qu'il soit rempli avec soin pour permettre à votre assureur d'établir les responsabilités et de vous indemniser.

■ Comment utiliser le constat amiable d'accident automobile ?

Le constat d'accident est fourni gratuitement par votre assureur automobile. Laissez toujours au moins un constat d'accident dans votre véhicule.

En cas d'accident, remplissez aussitôt le recto (l'endroit) du constat amiable avec le conducteur de l'autre véhicule.

Chez vous, terminez de remplir le constat en complétant le verso (l'envers) de la feuille. Surtout ne modifiez en aucun cas le recto (l'endroit) de la feuille qui a été signé par les deux conducteurs. Envoyez aussitôt le constat à votre compagnie d'assurance automobile.

■ Comment remplir le constat amiable d'accident automobile ?

☐ Utilisez un stylo à bille en appuyant assez pour que le double soit également bien lisible.

☐ Remplissez la colonne A ou B, conservez l'original ou le duplicata (le double), cela n'a aucune importance.

☐ En cas « d'accident en chaîne », remplissez deux constats :
- un avec le conducteur du véhicule qui était devant vous ;
- un avec le conducteur du véhicule qui était derrière vous ;
et portez la mention « accident en chaîne du... survenu à... »

☐ Les circonstances précisées par les croix doivent bien être en accord avec le croquis de l'accident.

1 Date, heure et lieu où s'est produit l'accident.

2 Nom, prénoms, adresse exacte et téléphone des témoins s'il y en a. Ils devront raconter par écrit comment s'est passé l'accident auquel ils ont assisté.

3 Tout ce qui concerne l'assuré, le véhicule et la société d'assurance est indiqué sur l'attestation d'assurance (feuille verte).

4 Le conducteur doit utiliser son permis de conduire pour remplir cette rubrique. Si le conducteur est aussi l'assuré, il faut noter en face de « Nom » la mention « assuré ».

5 Chaque conducteur doit cocher les cases le concernant.
Il faut remplir soigneusement cette rubrique car elle détermine les responsabilités (torts) de chacun dans l'accident.

6 Il ne faut pas oublier d'indiquer le nombre de cases cochées par chaque conducteur.

7 La flèche doit indiquer la partie du véhicule qui est venue heurter l'autre véhicule.

8 Le croquis doit être le plus précis possible.

9 Examinez chaque véhicule et notez tout ce qui vous paraît abîmé à l'endroit du choc.

10 Remarques et précisions sont à noter ici.

CONSTAT AMIABLE

constat amiable d'accident automobile

Ne constitue pas une reconnaissance de responsabilité, mais un relevé des identités et des faits, servant à l'accélération du règlement

à signer obligatoirement par les DEUX conducteurs

1. date de l'accident heure
14-10-1997   9h15

2. lieu (pays, n° dépt. localité)
BOURGES (18)

3. blessé(s) même léger(s)
non ☒   oui ☐ *

4. dégâts matériels autres qu'aux véhicules A et B
non ☒   oui ☐ *

5. témoins noms, adresses et tél. (a souligner s'il s'agit d'un passager de A ou B)
Néant

véhicule Ⓐ

6. assuré souscripteur (voir attest. d'assur.)
Nom (majusc.) REVEL
Prénom FRANCK
Adresse (rue et n°) 61, rue des Jardins
Localité (et c. postal) BOURGES (18000)
N° tél. (de 9 h. à 17 h.) 48.50.77.91
L'Assuré peut-il récupérer la T.V.A. afférente au véhicule? non ☒   oui ☐

7. véhicule
Marque, type CITROEN AX 14 D
N° d'immatr. (ou de moteur)

8. sté d'assurance
AGF
N° de contrat 16249 T 18
Agence (ou bureau ou courtier)
BOURGES
N° de carte verte (Pour les étrangers)
Attestation d'ass. valable jusqu'au 31-03-98
ou carte verte
Les dégâts matériels du véhicule sont-ils assurés? non ☐   oui ☒

9. conducteur (voir permis de conduire)
Nom (majusc.) Assuré
Prénom
Adresse
Permis de conduire n° 10425
catégorie (A, B, ...) B délivré par
La préfecture du Cher le 15-01-76
permis valable du ___ au ___
(Pour les catégories C, C₁, D, E, F et les taxis)

10. Indiquer par une flèche (→) le point de choc initial

11. dégâts apparents
Aile avant droit

14. observations
le véhicule B ne s'est pas arrêté au STOP

12. circonstances

Mettre une croix (x) dans chacune des cases utiles pour préciser le croquis.

1	en stationnement	1
2	quittait un stationnement	2
3	prenait un stationnement	3
4	sortait d'un parking, d'un lieu privé, d'un chemin de terre	4
5	s'engageait dans un parking, un lieu privé, un chemin de terre	5
6	s'engageait sur une place à sens giratoire	6
7	roulait sur une place à sens giratoire	7
8	heurtait l'arrière de l'autre véhicule qui roulait dans le même sens et sur la même file	8
9	roulait dans le même sens et sur une file différente	9
10	changeait de file	10
11	doublait	11
12	virait à droite	12
13	virait à gauche	13
14	reculait	14
15	empiétait sur la partie de chaussée réservée à la circulation en sens inverse	15
16	venait de droite (dans un carrefour)	☒ 16
17	n'avait pas observé un signal de priorité	☒ 17

◀ indiquer le nombre de cases marquées d'une croix ▶

Ⓞ   Ⓩ

13. croquis de l'accident

Préciser : 1. le tracé des voies - 2. la direction (par des flèches) des véhicules A, B - 3. leur position au moment du choc - 4. les signaux routiers - 5. le nom des rues (ou routes).

Rue Nationale
rue Motte
A
B
STOP

15. signature des conducteurs

A   B

véhicule Ⓑ

6. assuré souscripteur (voir attest. d'assur.)
Nom (majusc.) GRUEZ
Prénom ALBERT
Adresse (rue et n°) 66, rue JEAN JAURES
Localité (et c. postal) SANCERRE (18300)
N° tél. (de 9 h. à 17 h.)
L'Assuré peut-il récupérer la T.V.A. afférente au véhicule? non ☒   oui ☐

7. véhicule
Marque, type RENAULT 5 FIVE D
N° d'immatr. (ou du moteur)

8. sté d'assurance
UAP
N° de contrat 562714
Agence (ou bureau ou courtier)
BOURGES
N° de carte verte (Pour les étrangers)
Attestation d'ass. valable jusqu'au 31-12-97
ou carte verte
Les dégâts matériels du véhicule sont-ils assurés? non ☐   oui ☒

9. conducteur (voir permis de conduire)
Nom (majusc.) VARLET
Prénom Michel
Adresse 37, rue Carnot - VIERZON
Permis de conduire n° 75624
catégorie (A, B, ...) B délivré par
la préfecture du Lot le 03-11-80
permis valable du ___ au ___
(Pour les catégories C, C₁, D, E, F et les taxis)

10. Indiquer par une flèche (→) le point de choc initial

11. dégâts apparents
Pare-chocs et phare avant droit

14. observations Néant

---

* En cas de blessures ou en cas de dégâts matériels autres qu'aux véhicules A et B, relever les indications d'identité, d'adresse, etc.

Ne rien modifier au constat après les signatures et la séparation des exemplaires des 2 conducteurs.

Voir déclaration de l'Assuré au verso ➡

FAMILLE
TRAVAIL
ADMINISTRATION
LOGEMENT
TRANSPORT
VIE PRATIQUE

Les réductions SNCF

Avant d'entreprendre un voyage, n'hésitez pas à vous renseigner au guichet de votre gare ou procurez-vous « Le guide pratique du voyageur » mis gratuitement à votre disposition. Vous pouvez peut-être profiter des possibilités de réduction offertes.

■ À quels jour et heure est-il préférable de partir ?

Il faut savoir que le prix d'un billet peut varier selon l'heure. Si cela vous est possible, il peut être intéressant de prendre un train moins fréquenté. Les prix varient en effet selon quatre niveaux de suppléments. Choisissez plutôt de voyager dans les TGV qui ont un supplément de niveau 1 ou 2. Ils sont peu demandés et le prix des places est plus attractif. Le calendrier des voyageurs a été supprimé dans les TGV depuis mai 1994 mais il est maintenu dans les autres trains.

■ À quelles réductions avez-vous droit ?

☐ Découverte J30 – J8 : plus la réservation est en avance plus le prix du billet diminue (Découverte J30 = 30 jours avant ; Découverte J8 = 8 jours avant le départ).

☐ Le billet Découverte-séjour : pour en bénéficier, vous devez remplir quatre conditions :
- vous envisagez de parcourir une distance aller-retour d'au moins 200 km ;
- le trajet retour doit être effectué dans les deux mois qui suivent le trajet aller ;
- vous avez au moins un dimanche ou une fraction de dimanche ou de jour férié inclus dans votre période de séjour. Vous bénéficiez de 25 % du prix du billet en 1re ou 2e classe.

☐ Le billet de congé annuel : pour en bénéficier, vous devez être salarié ou demandeur d'emploi, pensionné ou retraité, artisan ou exploitant agricole... Il vous est indispensable de parcourir au moins 2 000 km aller et retour en train. Présentez-vous aux points de vente avec un formulaire attestant

votre situation. Vous pouvez avoir une réduction de 25 % du prix normal du billet sans que les dates de votre voyage n'interviennent. Une réduction de 50 % peut être accordée si les trajets aller et retour commencent en période bleue et si au moins la moitié du prix du billet est payée en chèques-vacances. La réduction est calculée sur le prix du billet 2e classe. Cette réduction s'applique aux membres de la famille qui vous accompagnent s'ils habitent chez vous.

■ Quelles sont les autres réductions ?

Bien d'autres possibilités de réduction existent : les cartes enfant +, Abo 8, famille nombreuse, inter-rail, Senior, 12-25, Euro Domino...

1 Il faut effectuer le voyage aller-retour dans un période de 61 jours.

2 Catégorie du wagon dans lequel les personnes vont voyager. Vous pouvez voyager en première classe si vous le désirez mais la réduction est calculée sur le prix de base du billet de 2e classe.

3 Il est possible de faire des arrêts en cours de route. Selon les cas, on vous remettra un ou plusieurs titres de transport comportant tous la même réduction.

4 Certains membres de la famille peuvent obtenir la même réduction s'ils effectuent le même voyage. Ce sont : le conjoint (mari ou femme), les enfants de moins de 21 ans (pas de limite d'âge pour les handicapés) non mariés qui sont à la charge de leurs parents, le père et/ou la mère du célibataire.

5 Via signifie par. Pour aller de Laon à Bordeaux, les voyageurs passeront par Paris.

DEMANDE DE BILLET DE CONGÉ ANNUEL

Demande de billet annuel à remplir par le voyageur

(A remettre au moins 24 heures à l'avance)

■ **Date de départ :**

le _10 - 07 - 98_

■ **Vos nom et prénom :**

nom : _DANJOU_ prénom : _RENE_

adresse : _56 rue de la Cathédrale_
02000   LAON

4 ➤ ■ **Membres de la famille à inscrire sur le billet :**

nom et prénom : âge :

DANJOU	_CATHERINE_	_38_ ans
DANJOU	_SERGE_	_12_ ans
DANJOU	_EMILIE_	_9_ ans
		ans

3 ➤ ■ **Donner les gares de départ et d'arrivée** (à dégrouper en tenant compte des arrêts en cours de route) :

1 ➤

Trajet aller	Gare de départ	Gare d'arrivée	Via	Classe (1 ou 2)
	LAON	_BORDEAUX_	_PARIS_	_2_ ◄ **2**
Trajet retour	Gare de départ	Gare d'arrivée	Via	Classe (1 ou 2)
➤	_BORDEAUX_	_LAON_	_PARIS_	_2_

5

Je certifie sur l'honneur que la réduction du billet annuel n'est utilisée qu'une fois cette année par les membres de ma famille désignés ci-dessus ainsi que l'exactitude des renseignements concernant l'état civil et le domicile.

A _Laon_ , le _25 - 06 - 98_ (Indiquer la date de dépôt)

Signature :
(précédée de la mention "lu et approuvé")

Lu et approuvé

René Tanjou

Les personnes résidant hors de France peuvent adresser leur demande de billet à l'avance par lettre ou la déposer directement, après leur arrivée en France, à une gare de leur choix. Dans les deux cas le billet leur sera délivré sur justifications et contre paiement sur place.

2

FAMILLE
TRAVAIL
ADMINISTRATION
LOGEMENT
TRANSPORT
VIE PRATIQUE

L'étiquette d'un produit alimentaire

L'étiquette d'un produit alimentaire fournit des renseignements sur la nature, la provenance, la durée de vie et la quantité du produit. La lire minutieusement permet de comparer.

La présentation d'une étiquette

L'étiquette et sa présentation doivent être loyales et ne pas induire en erreur sur :
☐ la composition du produit ;
☐ l'origine du produit ;
☐ la durée de vie du produit ;
☐ la quantité de produit.
L'étiquette doit être rédigée en français même si d'autres langues sont utilisées. L'information doit être visible au moment de l'achat.

Que signifie le code barres ?

Le code barres est un système d'identification du produit.
Les barres verticales servent à la lecture optique. Sous ces barres figurent en général 13 chiffres :
☐ les 2 premiers indiquent le pays où le produit a été codifié (30 à 37 pour la France) ;
☐ les 5 suivants désignent le code du fabricant ou du distributeur ;
☐ puis viennent 5 autres chiffres pour identifier le produit ;
☐ le dernier est une clé de contrôle.

Le prix

La mention du prix est obligatoire. Elle est indiquée sur le produit ou sur le rayon. Elle doit figurer en clair sur le ticket de caisse. Le prix coûtant est le prix minimal autorisé. L'annonce d'une vente « prix coûtant » permet d'attirer les clients dans un magasin. Vendre moins cher que le prix coûtant, c'est vendre à perte.

L'étiquette sur le rayon

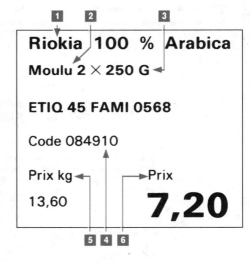

1 Marque du produit.

2 Présentation du produit.

3 Nombre de paquets de 250 g. Le poids total est à calculer par l'acheteur.

4 Les 6 avant-derniers chiffres du code barres.

5 Prix au kilo.

6 Prix des 2 paquets de 250 g.

LA PRÉSENTATION D'UN EMBALLAGE

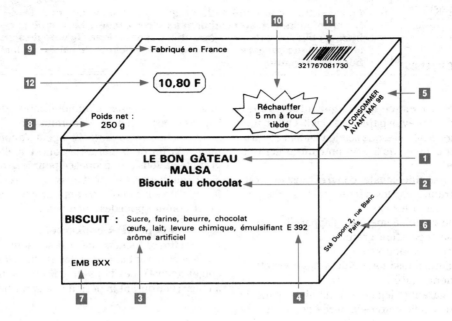

1 Marque commerciale : elle n'est pas obligatoire.

2 Dénomination : elle doit renseigner sur la nature de l'aliment. Elle est obligatoire.

3. La composition : donne la liste des ingrédients. Ils figurent par ordre décroissant d'importance. Elle est obligatoire.

4 Les additifs : soit leur nom, soit leur code. Ils doivent figurer obligatoirement.

5 La date de consommation est obligatoire. Elle indique la durée de vie des produits.

6 Distributeur ou producteur le nom et l'adresse sont obligatoires.

7 Numéro de lot de fabrication : il permet de retrouver un lot s'il est défectueux.

8 Quantité nette (poids ou volume) : elle est obligatoire.

9 Pays d'origine : obligatoire, uniquement s'il peut y avoir confusion sur la provenance.

10 Le mode d'emploi : obligatoire seulement s'il est indispensable pour une bonne utilisation du produit.

11 Code barres : il n'est pas obligatoire, il favorise la gestion des stocks et simplifie les opérations aux caisses.

12 Le prix : obligatoire, au rayon ou sur le produit.

FAMILLE

TRAVAIL

ADMINISTRATION

LOGEMENT

TRANSPORT

VIE PRATIQUE

La garantie

> **La garantie est une obligation légale qui impose au vendeur de livrer à l'acheteur un produit sans vices cachés. En cas de problème, pour faire jouer la garantie, il faut prouver la date de son achat et donc conserver les factures, les tickets de caisse ou les bons de garantie.**

▬ Qu'est-ce que la garantie légale ?

Elle est prévue par le code civil. On y a toujours droit, quel que soit le vendeur ; le produit acheté ; qu'il y ait un contrat écrit ou non.

La garantie légale couvre tous les frais entraînés par les défauts cachés. Elle permet selon les cas :

☐ le remplacement de l'appareil ;

☐ sa réparation gratuite ;

☐ son remboursement ;

☐ l'indemnisation du dommage éventuellement causé.

La garantie légale est illimitée dans le temps : elle couvre la durée de vie économique normale d'un appareil.

Pour faire valoir la garantie légale, il faut que trois conditions soient remplies :

☐ le défaut doit être grave ;

☐ le défaut doit être caché ;

☐ le défaut doit être antérieur à l'achat.

Il faut aussi que l'action devant les tribunaux (tribunal d'instance ou de grande instance essentiellement) soit engagée dans un délai bref.

▬ Qu'est-ce qu'une garantie commerciale (ou contractuelle) ?

☐ La garantie commerciale peut être gratuite, offerte par le fabricant ou le vendeur. Sa durée est généralement d'un an, mais la concurrence a pour effet d'allonger cette durée. L'acheteur n'a pas à apporter la preuve d'un défaut caché en cas de panne. Les frais de main-d'œuvre, les frais de transport de certaines pièces ne sont pas

toujours remboursés. L'immobilisation de l'appareil est rarement dédommagée ;

☐ Elle peut être payante. Elle peut s'appliquer à la fin de la garantie contractuelle gratuite et vous être proposée pour le gros électroménager. Elle peut aussi prendre la forme d'un contrat d'entretien par abonnement comme pour les chaudières.

▬ Quels papiers conserver ?

Les factures, tickets de caisse sont à conserver durant la possession du bien (de l'objet acheté). Les bons de garantie sont à conserver durant la période de garantie.

▬ Où s'adresser pour connaître ses droits ?

☐ Directions régionales et départementales de la concurrence, de la consommation et de la répression des fraudes.

☐ Organismes et associations de consommateurs (adresses à la préfecture).

Lors d'une réclamation, il faut préciser :

1 Le nom de l'objet.

2 La marque de l'objet.

3 Le numéro de série.

4 La date d'achat.

5 Le numéro de la facture.

LETTRE DE RÉCLAMATION

Martin Raymond
25, rue Bliand
24 000 Périgueux

La Rochelle, le 26 octobre.

Objet : réclamation

Monsieur le Directeur
Magasin Feu Rouge,
rue Robert
BP 33
24000 PERIGUEUX

Monsieur,

J'ai acheté, dans votre magasin, une galerie de voiture, de marque REYDOR, numéro de série : A 122. La galerie a été posé, dans votre atelier, le jour même de l'achat, le 22 octobre. La facture de pose porte le numéro 15003.

Trois jours plus tard, le 25 octobre, j'ai chargé mes bagages sur la galerie et celle-ci s'est décrochée quelques kilomètres après mon départ. Dès mon retour à Périgueux je ferai jouer la garantie, afin que la galerie soit changée sans frais.

Je vous prie d'agréer, Monsieur le Directeur, mes salutations distinguées.

Martin.

FAMILLE

TRAVAIL

ADMINISTRATION

LOGEMENT

TRANSPORT

VIE PRATIQUE

La facture

Quand on achète un produit ou que l'on règle de la main-d'œuvre, les commerçants ou les artisans doivent, à la demande du consommateur, établir une facture. Celle-ci est nécessaire pour faire jouer la garantie.

▬▬ À quoi sert une facture ?

Une facture sert à indiquer la nature, la quantité, le prix de la marchandise que l'on vient d'acheter ou du travail que l'on a demandé.

Une facture indique la date de l'achat ou du travail fourni.

▬▬ Comment payer une facture ?

Pour payer une facture, on peut :

☐ se rendre directement à l'entreprise avec la facture et payer en espèces ;

☐ envoyer un chèque au service comptabilité de l'entreprise (en rappelant le numéro ou la date de la facture, ou en joignant le petit coupon qu'il faut détacher de la facture) ;

☐ faire un virement sur le compte de l'entreprise si son numéro de compte (bancaire ou postal) est indiqué sur la facture.

On pourra noter ensuite sur la facture :

☐ la date à laquelle on a payé la facture ;

☐ le mode de paiement qu'on a utilisé.

Exemple : payé le 6 juin par chèque bancaire n° 672891.

▬▬ Que faut-il faire des factures après paiement ?

Il faut conserver les factures car on peut parfois vous les demander, pour prouver par exemple :

☐ que la marchandise achetée est encore garantie ;

☐ que vous possédiez bien cette marchandise, en cas de vol ou de destruction, etc.

1 Nom, adresse, spécialité de l'entreprise.

2 Nom et adresse du client.

3 Date à laquelle la facture a été faite.

4 Les achats ou les travaux demandés ont eu lieu aux dates indiquées.

5 La quantité indique par exemple :
- un nombre d'objets achetés ;
- un nombre de litres, de m^3... de marchandises achetées ;
- un nombre d'heures de main-d'œuvre...

6 On indique ici le nom de la marchandise achetée ou du travail fourni.

7 PUHT signifie prix unitaire hors taxes, c'est-à-dire le prix de chaque objet sans la taxe (sans TVA).

8 R signifie remise. C'est le montant de la réduction que l'on a pu obtenir éventuellement.

9 On indique le montant total sans la TVA.

10 C'est le montant total hors taxes, c'est-à-dire sans la TVA, de tous les travaux ou marchandises.

11 TVA signifie taxe sur la valeur ajoutée. Ce pourcentage varie selon les objets achetés.

12 TTC signifie toutes taxes comprises. On obtient ce montant en ajoutant le montant total hors taxes et le montant de la TVA.

13 Le montant total toutes taxes comprises est aussi écrit en toutes lettres.

EXEMPLE DE FACTURE

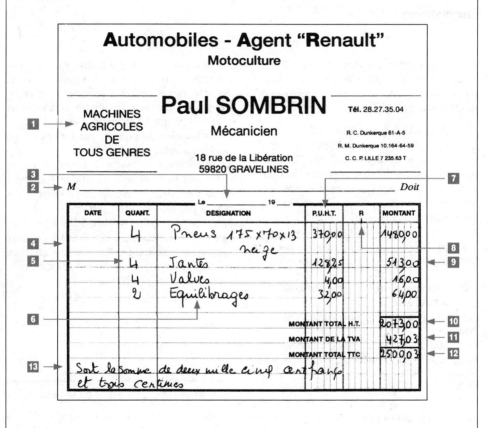

Automobiles - Agent "Renault"
Motoculture

MACHINES AGRICOLES DE TOUS GENRES

Paul SOMBRIN
Mécanicien

18 rue de la Libération
59820 GRAVELINES

Tél. 28.27.35.04

R. C. Dunkerque 61-A-5
R. M. Dunkerque 10.164-64-59
C. C. P. LILLE 7 235.63 T

M _____ *Doit*

Le _____ 19 ___

DATE	QUANT.	DÉSIGNATION	P.U.H.T.	R	MONTANT
	4	Pneus 175 x 70 x 13 neige	370,00		1480,00
	4	Jantes	128,25		513,00
	4	Valves	4,00		16,00
	2	Equilibrages	32,00		64,00
		MONTANT TOTAL H.T.			2073,00
		MONTANT DE LA TVA			427,03
		MONTANT TOTAL TTC			2500,03

Soit la somme de deux mille cinq cent francs
et trois centimes

FAMILLE

TRAVAIL

ADMINISTRATION

LOGEMENT

TRANSPORT

VIE PRATIQUE

Le chèque

> Le chèque est un moyen de paiement pratique qui évite de régler des achats coûteux en argent liquide. Il permet d'effectuer des paiements à distance et de conserver une trace écrite d'un règlement. Si son utilisation est simple, certaines précautions s'imposent.

▄▄▄ Qui peut faire des chèques ?

Toute personne qui a ouvert un compte dans une banque peut demander un chéquier (carnet de chèques).

▄▄▄ À quoi sert un chèque ?

Le chèque est un écrit qui vous permet de payer quelque chose à quelqu'un. Votre banque retire alors de votre compte la somme notée sur votre chèque. Ensuite, elle verse cette somme sur le compte de celui à qui vous faites le chèque (bénéficiaire).

Le chèque peut aussi servir à retirer de l'argent liquide. On fait alors le chèque à l'ordre de soi-même ou de la banque.

▄▄▄ Quelles sont les précautions à prendre ?

☐ Être sûr d'avoir assez d'argent sur son compte.

☐ Noter toujours le nom du bénéficiaire, surtout si le chèque doit être envoyé par la poste.

☐ Ne signer aucun chèque à l'avance.

☐ Remplir le talon du chèque. Cela permet de faire régulièrement ses comptes et de connaître la somme qui reste disponible.

☐ Utiliser de préférence un stylo à bille ou une encre qui ne s'efface pas.

☐ Relire attentivement le chèque avant de le signer s'il est rempli automatiquement par une caisse électronique.

▄▄▄ Le chèque sans provision

Il est interdit de faire des chèques sans provision. Néanmoins si l'un de vos chèques est rejeté par manque de provision, il vous est interdit d'émettre d'autres chèques ou d'utiliser votre carte bancaire, sur tous vos comptes, dans toutes les banques. De plus, votre banquier vous demandera de restituer tous vos carnets de chèques et vous serez « interdit bancaire », c'est-à-dire que votre numéro de compte est inscrit sur le fichier de la Banque de France.

Si votre situation est régularisée dans le délai de 1 mois et qu'il s'agit du 1er chèque sans provision émis depuis 12 mois, vous n'avez pas de pénalité à payer.

Sinon cette pénalité s'élève à 150 F par chèque et par tranche de 1 000 F. Cette pénalité est payable en timbres fiscaux. En l'absence de régularisation vous demeurez « interdit bancaire » pendant 10 ans.

---

1 Nom du tiré, c'est-à-dire de la banque.

2 Nom et adresse du tireur, c'est-à-dire de la (ou des) personne(s) qui possède(nt) le compte bancaire.

3 Numéro du compte du tireur.

4 Numéro du chèque.

5 Nom du bénéficiaire, c'est-à-dire de la personne qui reçoit le chèque.

6 Nom de la ville dans laquelle le chèque a été fait.

7 Date à laquelle le chèque a été fait.

8 BPF signifie bon pour francs.

CARACTÉRISTIQUES DES CHÈQUES

7 — le :

1 — ![Banque Populaire logo] **BANQUE POPULAIRE DU NORD**

Payez contre ce chèque non endossable sauf au profit d'une banque, d'une caisse d'épargne ou d'un établissement assimilé

8 — BPF *132,50*

5 — Bijouterie LEMOINE

Cent trente-deux francs et cinquante centimes

somme en toutes lettres

A *Bijouterie LEMOINE*

5
6

132,50

Payable

A *Paris* — le _____ 19 ___

7
2

NEVERS
TEL. 86 29 87 10

MR OU MME CHRISTIAN BAL
5 RUE CARNOT
58000 NEVERS

Bal

CHÈQUE N° _____

Compensable
Chèque n° 3548145

Compte n° 00860446877

3

3548145

⑈3548145⑈⑆0086020561⑈3⑈U0086046877⑈

4   **4**

![Crédit Agricole logo] **CRÉDIT AGRICOLE**   CAISSE RÉGIONALE DE CRÉDIT AGRICOLE MUTUEL DU PAS-DE-CALAIS   B.P.F. *375,00F*

27 à 33 Grand'Place – BP 162 – 62009 ARRAS

PAYEZ CONTRE CE CHÈQUE **NON ENDOSSABLE SAUF** AU PROFIT D'UNE BANQUE, CAISSE D'ÉPARGNE, OU ÉTABLISSEMENT ASSIMILÉ

Trois cent soixante quinze francs

A *Mr. GUILBERT*

Paris LE *13 juin* 19 ___

PAYABLE A
CALAIS
77, boulevard Lafayette

N° Compte 00000897248
N° Chèque 97853

MR FERMON
4 RUE VERTE
62000 ARRAS

Fermon

0097853   152066706397   000000897248

LA POSTE

Date _____
Objet _____

BPF _____

Montant _____

N° CCP pour virement   Lettre   Centre
PARIS   24 961 17 B

Carnet n° 07709

MR CAILLOT CLAUDE
10 RUE DE TUNIS
75019 PARIS

Chèque n°
9 4314011

⑈4314011⑈24961170120⑈

PAYEZ CONTRE CE CHÈQUE   BPF _____

en lettres

à _____

N° CCP pour virement   Lettre   Centre

À _____ le _____ 19 ___   SIGNATURE

Compte n° PA   24 961 17A
Chèque n° 94 4314011 B   (71)
Tél.   (1) 42 18 68 61

135

FAMILLE

TRAVAIL

ADMINISTRATION

LOGEMENT

TRANSPORT

VIE PRATIQUE

La carte bancaire

Le développement de l'informatique a permis de créer un nouveau moyen de paiement : la carte bancaire. Elle est très pratique : ses utilisations sont nombreuses et ne cessent de s'accroître. Comme pour le chèque, certaines précautions s'imposent.

▬▬ À quoi sert la carte bancaire ?

Elle sert :

☐ à retirer de l'argent aux guichets d'agences bancaires, postales ou de caisse d'épargne ;

☐ à retirer de l'argent 24 h sur 24 et 7 jours sur 7 dans les distributeurs automatiques de billets ;

☐ à payer vos achats chez certains commerçants ;

☐ à prendre de l'essence 24 h sur 24 dans les stations libres-services ;

☐ à acheter un billet de train en utilisant un distributeur automatique ;

☐ à régler des achats par Minitel, par correspondance...

▬▬ Quels sont les différents types de cartes bancaires ?

Pour certaines cartes, le montant du paiement est retiré de votre compte aussitôt après l'achat.

D'autres cartes permettent d'obtenir un délai de paiement. Le montant du paiement est retiré à une date fixée par votre banque (par exemple le 10 du mois suivant). Certaines cartes peuvent être utilisées à l'étranger.

Remarques :

- ces cartes sont payantes ;

- toutes ne valent pas le même prix ;

- une commission peut être prélevée sur votre compte dans certains cas.

▬▬ Comment utiliser la carte bancaire ?

Pour retirer de l'argent dans les distributeurs automatiques de billets, il faut :

☐ introduire la carte dans l'appareil ;

☐ puis taper un code confidentiel.

Pour payer un commerçant :

☐ vous tapez votre code confidentiel ;

☐ ou vous signez une facturette.

Remarque : conservez les facturettes délivrées par les commerçants et les tickets des distributeurs de billets pour vous permettre de faire vos comptes régulièrement. N'oubliez pas de récupérer votre carte après chaque utilisation.

---

1 Votre carte doit être introduite dans le distributeur dans le sens de la flèche.

2 Vous pouvez utiliser la carte jusqu'à la date indiquée.

3 Nom du titulaire de la carte bancaire.

4 Numéro de la carte bancaire. Notez à part votre numéro de carte ; on vous le demandera en cas de perte ou de vol. En ce qui concerne votre code confidentiel, apprenez-le par cœur, ne le rangez pas dans votre étui-carte, ne le notez même pas, ne le communiquez à personne.

5 Dès réception, il faut signer la carte à l'endroit prévu. Sans votre signature, une autre personne pourrait, en cas de vol, signer à votre place et l'utiliser. C'est vous qui seriez responsable dans ce cas.

6 Évitez les rayures ou pliures au niveau des pistes magnétiques et garder la carte propre. Ne la mettez pas en contact avec des objets métalliques (clefs, monnaie...).

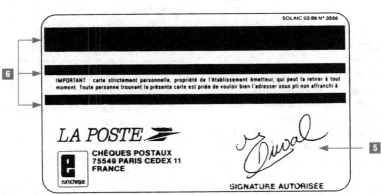

FAMILLE
TRAVAIL
ADMINISTRATION
LOGEMENT
TRANSPORT
VIE PRATIQUE

Le relevé de compte

> Le relevé de compte bancaire est un document envoyé par la banque. Il indique le solde du compte et toutes les opérations effectuées sur le compte pendant une période donnée. Il faut comparer ce décompte avec le sien et signaler tout de suite les anomalies relevées.

▰▰▰ Qui reçoit des relevés de compte ?

Toutes les personnes qui ont un compte à la banque, à la poste, ou à la Caisse d'épargne, reçoivent des relevés de compte.

Il faut lire ces relevés de compte à chaque fois que vous en recevez un et vérifier si le montant des différentes opérations est exact.

▰▰▰ Quand reçoit-on les relevés de compte ?

Les titulaires d'un compte reçoivent les relevés de compte régulièrement :

☐ tous les mois ou tous les 15 jours ; cela varie d'une banque à l'autre ;

☐ après chaque opération, tous les 10 jours ou tous les mois (comme à la Poste).

Remarque : la banque peut vous adresser plus souvent des relevés de compte si vous lui en faites la demande. Ce service est payant la plupart du temps.

▰▰▰ Quelles sont les opérations notées sur le relevé de compte ?

Sur le relevé de compte sont notées :

☐ les chèques que vous avez faits ;

☐ les virements, c'est-à-dire les sommes qui ont été transférées d'un compte à un autre.

☐ les versements, c'est-à-dire les sommes qui ont été versées sur votre compte en argent liquide (billets) ;

☐ les avis de prélèvements quand vous avez autorisé un organisme (EDF-GDF, France Télécom, Trésor public...) à retirer de votre compte les sommes que vous lui devez ;

☐ les retraits, c'est-à-dire quand vous allez retirer de l'argent liquide ;

☐ les remises de chèques si quelqu'un vous a fait un chèque et que vous l'avez déposé sur votre compte ;

☐ les échéances de prêt ;

☐ les sommes que vous avez réglées par carte bancaire.

---

1 Nom de la banque qui envoie le relevé de compte.

2 Nom et adresse du (ou des) titulaire(s) du compte.

3 Numéro du compte.

4 Numéro de la feuille.

5 Dans la colonne Débit, on note toutes les sommes qui ont été enlevées du compte.

6 Dans la colonne Crédit, on note toutes les sommes qui ont été versées sur le compte.

7 Date à laquelle l'opération a été faite.

8 Cette colonne indique toutes les opérations qui ont été faites sur le compte.

9 Cette ligne indique la somme qui manquait (colonne Débit) ou qu'il y avait (colonne Crédit) sur le compte à la date indiquée.

10 Cette ligne indique la somme qui manque (colonne Débit) ou qu'il y a (colonne Crédit) sur le compte à la date indiquée.

RUBRIQUES D'UN RELEVÉ DE COMPTE

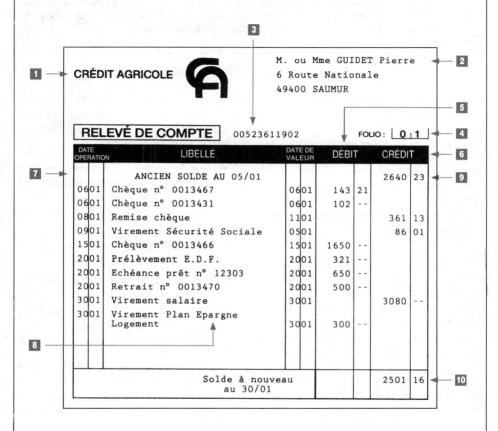

CRÉDIT AGRICOLE

M. ou Mme GUIDET Pierre
6 Route Nationale
49400 SAUMUR

RELEVÉ DE COMPTE 00523611902   FOLIO : | 0 | 1 |

DATE OPERATION	LIBELLÉ	DATE DE VALEUR	DÉBIT	CRÉDIT
	ANCIEN SOLDE AU 05/01			2640 23
06 01	Chèque n° 0013467	06 01	143 21	
06 01	Chèque n° 0013431	06 01	102 --	
08 01	Remise chèque	11 01		361 13
09 01	Virement Sécurité Sociale	05 01		86 01
15 01	Chèque n° 0013466	15 01	1650 --	
20 01	Prélèvement E.D.F.	20 01	321 --	
20 01	Echéance prêt n° 12303	20 01	650 --	
20 01	Retrait n° 0013470	20 01	500 --	
30 01	Virement salaire	30 01		3080 --
30 01	Virement Plan Epargne Logement	30 01	300 --	
	Solde à nouveau au 30/01			2501 16

La date de valeur est la date à laquelle l'opération sera comptabilisée (retirée ou ajoutée) sur le compte.

Pour la plupart des opérations, il y a un décalage entre la date de l'opération et la date de valeur :

— les rentrées d'argent sont parfois retardées de 1 à 7 jours : paiement de chèques, virement de salaire, versements...

— les sorties d'argent sont parfois avancées de 1 ou 2 jours : paiement de chèques, avis de prélèvement, retrait d'argent liquide...

FAMILLE

TRAVAIL

ADMINISTRATION

LOGEMENT

TRANSPORT

VIE PRATIQUE

Le budget familial

Le budget familial établit le total des dépenses et des recettes du foyer. Il évite de dépenser plus qu'on ne reçoit et permet, le cas échéant, de faire des économies pour faire face à l'imprévu ou pour s'offrir quelques loisirs supplémentaires.

▬ Quelle est l'utilité du budget familial ?

Il permet :

☐ d'équilibrer les recettes et les dépenses, c'est-à-dire de ne pas dépenser plus que la somme que l'on reçoit ;

☐ de prévoir des périodes difficiles ;

☐ d'épargner afin de payer des dépenses imprévues ou de grosses dépenses à prévoir pour plus tard.

▬ Quand reçoit-on de l'argent ?

Certaines ressources ou recettes sont :

☐ mensuelles, (elles sont versées chaque mois) comme le salaire, les allocations familiales, les indemnités de chômage... ;

☐ trimestrielles, (elles sont versées tous les trois mois) comme certaines prestations familiales ;

☐ annuelles, (elles sont versées une fois par an) comme les intérêts du livret A de la Caisse d'épargne, le treizième mois, l'allocation de rentrée scolaire...

▬ Quand dépense-t-on de l'argent ?

Les dépenses peuvent avoir lieu :

☐ quotidiennement, comme pour la nourriture ;

☐ mensuellement, comme par exemple les impôts sur le revenu, l'assurance automobile, le gaz et l'électricité (si vous en faites la demande)...

☐ annuellement, comme par exemple la vignette automobile, la redevance télé, la taxe d'habitation, les impôts fonciers, l'assurance incendie...

☐ périodiquement, comme les travaux dans la maison, les vacances, l'achat d'appareils ménagers, de vêtements ou d'une voiture...

1 Ensemble de toutes les sommes que reçoit la famille.

2 Ensemble de toutes les sommes que paie la famille.

3 Ensemble de toutes les sommes que reçoit la famille chaque mois.

4 Il est obtenu en multipliant le total des ressources mensuelles par 12.

5 Sommes exceptionnelles qui viennent s'ajouter au total annuel.

6 Total des recettes exceptionnelles.

7 Ensemble de toutes les sommes reçues par la famille en une année.

8 Ensemble de toutes les sommes que dépense la famille chaque mois.

9 Il est obtenu en multipliant par 12 le total des dépenses mensuelles.

10 Sommes exceptionnelles qui viennent s'ajouter au total annuel.

11 Total des dépenses exceptionnelles.

12 Ensemble de toutes les dépenses de la famille en une année.

13 Bilan de l'année, obtenu en faisant la différence entre le total des ressources et le total des dépenses.
Ce bilan est positif, c'est-à-dire qu'il reste une certaine somme à la fin de l'année quand tout a été payé.

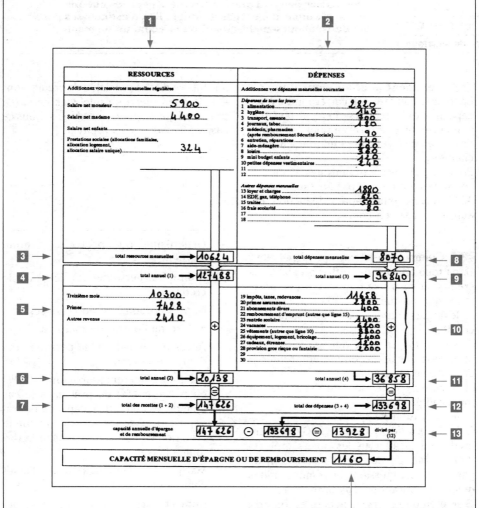

Somme qu'il est possible d'épargner chaque mois quand tout a été payé.

| FAMILLE |
| TRAVAIL |
| ADMINISTRATION |
| LOGEMENT |
| TRANSPORT |
| **VIE PRATIQUE** |

Le crédit

Le crédit permet d'acquérir tout de suite des biens sans avoir à économiser pendant plusieurs années pour les obtenir. Si le crédit est pratique, il n'est pas gratuit et il faut estimer ses possibilités de remboursement quand on effectue un emprunt.

▄▄ Comment peut-on emprunter ?

Le montant du prêt doit correspondre à vos capacités de remboursement. Il faut toujours prévoir une réserve pour les imprévus : maladie, véhicule endommagé ou à changer...
Pour les banques et organismes financiers, l'endettement ne doit pas être supérieur à 30 % des revenus (après déduction des autres charges en cours).

▄▄ Comment la loi vous protège-t-elle ?

Dans tous les cas, une offre préalable de crédit doit vous être remise. C'est un document qui indique :
☐ le nom et l'adresse de l'établissement de crédit ;
☐ votre nom et votre adresse ;
☐ le montant de la somme empruntée ;
☐ la durée du crédit ;
☐ le nombre et le montant exacts de vos mensualités ;
☐ le coût total du crédit ;
☐ le Taux Effectif Global (TEG) de votre crédit qui inclut tous les divers prélèvements (frais de dossier, d'inscription, de garanties, commissions et rémunérations diverses, cotisations d'assurance...) ;
☐ le bien ou le service acheté et son prix au comptant (selon le type de prêt).
Cette offre préalable est valable un certain temps (15 jours). Si vous avez signé l'offre et si vous changez d'avis, vous pouvez renoncer à votre demande de prêt en signant et en renvoyant par lettre recommandée avec avis de réception le bordereau de rétractation qui est joint au formulaire d'offre préalable de crédit. Vous n'avez qu'un délai de quelques jours (en principe 7 jours) pour vous dédire. Dans ce cas, vous n'avez rien à payer.

1 Organisme qui prête la somme d'argent.
2 Nom de la personne qui demande le crédit.
3 Nom de l'époux ou de l'épouse.
4 Nature du contrat de mariage.
5 Adresse complète de la personne qui demande le crédit.
6 Assurance qui rembourse tout (100 %) ou partie (50 %) du prêt dans le cas d'un décès ou d'une incapacité de travail de la personne qui a demandé le crédit ou de son conjoint selon la formule choisie.
7 Marque et dénomination de l'objet commandé.
8 Nom et adresse du commerçant qui vend l'objet commandé.
9 Date à laquelle l'acheteur pourra prendre possession de l'objet commandé.
10 Prix de l'objet commandé.
11 Somme qui sera empruntée.
12 Nombre de mois que durera le remboursement du crédit.

1 →

+X Banque Populaire Centre-Atlantique

Siège Social :

10, avenue Bujault
79002 NIORT Cédex
Tél. : 49 24 84 20

DEMANDE DE PRET

3

N° SOCIETAIRE
64 09765 T

2 →

	EMPRUNTEUR	CO-EMPRUNTEUR (conjoint (e))
NOM	DUQUESNE	
Prénom	Edmond	
Date et lieu de naissance	15.09.69 Dijon	
Profession	Plombier	

SITUATION FAMILIALE

☐ Marié ☐ Divorcé
☐ Veuf ☒ Célibataire

Régime matrimonial : ....
Nombre d'enfants à charge : .... Ages : ....

← 4

5 → Adresse : 111 avenue des Sables
17200 Royan
Tél. : 46.05.29.12

REPARTITION DE L'ASSURANCE DECES, INCAPACITE DE TRAVAIL (1)

6 →
☐ 50 % sur l'emprunteur et le co-emprunteur
☒ 100 % sur l'emprunteur
☐ 100 % sur le co-emprunteur
☐ 100 % sur l'emprunteur et le co-emprunteur

OBJET DU FINANCEMENT
7 → Modèle financé : RENAULT CLIO
8 → Nom, adresse du concessionnaire : Garage DESMIRT
18 boulevard de la Plage - 17200 Royan
9 → Date de livraison : 30.01.1998

FINANCEMENT
10 → Montant de l'investissement : 70 400 F
Montant du prêt : 40.000 F **← 11**
12 → Durée en mois : 30 mois
(1) Cocher la formule retenue

Banque Populaire Centre-Atlantique, service prêts - 10, avenue Bujault - 79002 NIORT Cédex

ASSURANCE DECES - INCAPACITE DE TRAVAIL

Pour pouvoir souscrire ce contrat d'assurance, vous devez :
- Ne pas être âgé de plus de 65 ans au moment de l'adhésion.
- Justifier d'un bon état de santé.
Cette assurance garantit totalement ou partiellement le remboursement du crédit sollicité en cas de décès ou d'incapacité de travail de l'emprunteur et (ou) du co-emprunteur (après acceptation du dossier sinistre par la compagnie).

Nous vous proposons 4 possibilités :

1) 50 % SUR L'EMPRUNTEUR et 50 % SUR LE CO-EMPRUNTEUR
Si le sinistre concerne l'emprunteur ou le co-emprunteur, notre compagnie rembourse 50 % du capital restant dû sur votre prêt au jour du décès, plus les intérêts échus ou la moitié des échéances pendant la période d'incapacité de travail après une franchise de 75 jours.

2) 100 % SUR L'EMPRUNTEUR
Si le sinistre concerne l'emprunteur, notre compagnie rembourse la totalité du capital restant dû sur le prêt au jour du décès, plus les intérêts échus, ou les échéances pendant la période d'incapacité de travail après une franchise de 75 jours. Pas d'intervention de la compagnie si le sinistre concerne le co-emprunteur.

3) 100 % SUR LE CO-EMPRUNTEUR
Si le sinistre concerne le co-emprunteur, même principe que le paragraphe 2. Pas d'intervention de la compagnie si le sinistre concerne l'emprunteur.

4) 100 % SUR L'EMPRUNTEUR et 100 % SUR LE CO-EMPRUNTEUR
Même principe que le paragraphe 2, le sinistre peut concerner l'emprunteur ou le co-emprunteur. Cette possibilité entraîne une majoration de votre mensualité de 3,50 F pour 10 000 F d'emprunt.
Le présent résumé n'a qu'une valeur indicative et ne saurait en aucun cas servir à déterminer les engagements réciproques de l'assuré et des assureurs. Une notice assurance sera jointe à l'offre du prêt.

FAMILLE

TRAVAIL

ADMINISTRATION

LOGEMENT

TRANSPORT

VIE PRATIQUE

Le téléphone

Téléphoner est devenu un acte courant de la vie quotidienne. La facture permet de contrôler les communications passées. Si on constate une somme anormalement élevée, des moyens existent pour faire vérifier son installation. Il faut alors se rapprocher de son agence.

▆ Qu'est-que la facturation détaillée ?

Sans supplément de prix, vous pouvez deamnder un feuillet détaillé qui accompagne votre facture et sur lequel sont notés :

☐ le jour de la communication ;

☐ l'heure à laquelle vous avez téléphoné ;

☐ la durée de la communication ;

☐ le numéro que vous avez demandé sans les 4 derniers chiffres pour les appels hors de votre circonscription de taxe ;

☐ le nom du pays ou du département dans lequel vous avez téléphoné ;

☐ le nom de la circonscription tarifaire dans laquelle vous avez téléphoné ;

☐ le montant de la communication.

▆ Comment faire des économies ?

En téléphonant de préférence pendant les périodes bleues, vous aurez une réduction de 50 % sur le montant de votre communication à l'intérieur du pays et dans les départements d'outre-mer. Ces périodes sont indiquées dans votre annuaire.

▆ Comment payer votre facture ?

France Télécom vous propose de payer :

☐ par prélèvement automatique ;

☐ par télépaiement, ce qui permet de régler les factures par Minitel ;

☐ en utilisant le titre interbancaire de paiement (TIP) qui se trouve en bas de la facture ;

☐ en espèces au guichet d'une poste ;

☐ par chèque.

1 Adresse à laquelle est installé le téléphone.

2 Numéro de téléphone concerné.

3 Date de la facture.

4 Adresse à laquelle est envoyée la facture.

5 Cette partie indique les différentes opérations qui ont eu lieu sur le compte depuis la dernière facture jusqu'à la date indiquée.

6 L'abonnement est toujours payable d'avance (pour les deux mois à venir).

7 Le code 0 indique que sur ce montant vous ne paierez pas de TVA. Le code 1 indique que sur ce montant vous paierez une TVA.

8 Montant hors taxes (sans TVA) de deux mois d'abonnement.

9 La consommation concerne les deux mois qui viennent de s'écouler.

10 Nombre total d'unités (UT) utilisées pendant la période indiquée (les deux derniers mois).

11 France Télécom détaille vos communications par destination et type d'appel.

FACTURE DE TÉLÉPHONE

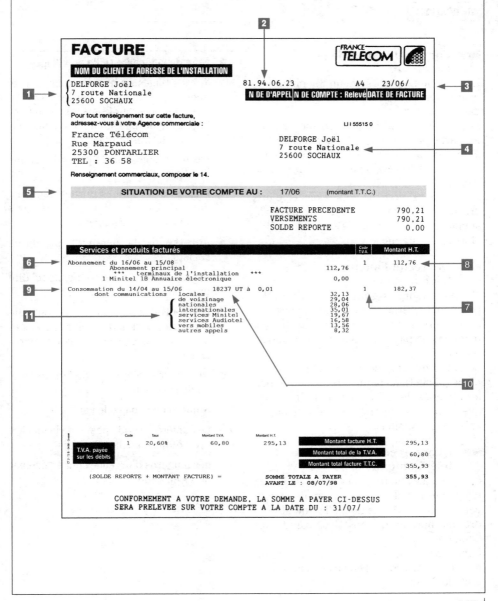

FACTURE

FRANCE TELECOM

NOM DU CLIENT ET ADRESSE DE L'INSTALLATION

DELFORGE Joël
7 route Nationale
25600 SOCHAUX

81.94.06.23   A4   23/06/

N DE D'APPEL | N DE COMPTE : Relevé | DATE DE FACTURE

Pour tout renseignement sur cette facture,
adressez-vous à votre Agence commerciale :

LI I 55515 0

France Télécom
Rue Marpaud
25300 PONTARLIER
TEL : 36 58

DELFORGE Joël
7 route Nationale
25600 SOCHAUX

Renseignement commerciaux, composer le 14.

SITUATION DE VOTRE COMPTE AU :	17/06	(montant T.T.C.)

FACTURE PRECEDENTE	790.21
VERSEMENTS	790.21
SOLDE REPORTE	0.00

Services et produits facturés		Code T.V.A	Montant H.T.
Abonnement du 16/06 au 15/08		1	112,76
Abonnement principal	112,76		
*** terminaux de l'installation ***			
1 Minitel 1B Annuaire électronique	0,00		
Consommation du 14/04 au 15/06 18237 UT à 0,01		1	182,37
dont communications locales	32,13		
de voisinage	29,04		
nationales	28,06		
internationales	35,01		
services Minitel	19,67		
services Audiotel	16,58		
vers mobiles	13,56		
autres appels	8,32		

Code	Taux	Montant T.V.A	Montant H.T.
1	20,60%	60,80	295,13

T.V.A. payée sur les débits

Montant facture H.T.	295,13
Montant total de la T.V.A.	60,80
Montant total facture T.T.C.	355,93

(SOLDE REPORTE + MONTANT FACTURE) =   **SOMME TOTALE A PAYER**   **355,93**
AVANT LE : 08/07/98

CONFORMEMENT A VOTRE DEMANDE, LA SOMME A PAYER CI-DESSUS
SERA PRELEVEE SUR VOTRE COMPTE A LA DATE DU : 31/07/

FAMILLE

TRAVAIL

ADMINISTRATION

LOGEMENT

TRANSPORT

VIE PRATIQUE

L'annuaire téléphonique

L'annuaire téléphonique donne les adresses et les numéros d'appel des abonnés au téléphone, leur profession. Il adopte le classement alphabétique. Apprendre à le consulter efficacement permet de gagner du temps pour trouver rapidement son correspondant.

▄▄▄ Comment figurer dans l'annnaire ?

La personne qui possède un téléphone est inscrite gratuitement et automatiquement dans l'annuaire :

☐ d'une part dans les pages blanches pour les particuliers et les professionnels ;

☐ d'autre part dans les pages jaunes, pour les professionnels seulement et s'ils le demandent.

Remarque : si vous ne voulez pas être inscrit dans l'annuaire, vous devez payer la somme de 15,26 F tous les mois. Vous êtes alors sur « liste rouge ».

▄▄▄ Qui reçoit l'annuaire téléphonique ?

☐ Les personnes qui possèdent un téléphone ont le droit d'avoir gratuitement un exemplaire de l'annuaire en papier (pages blanches et pages jaunes) de leur département.

☐ Celles qui ont choisi l'annuaire électronique (Minitel) qui permet de connaître tous les abonnés de la France entière, n'auront que les pages jaunes de l'annuaire en papier et les pages Minitel.

▄▄▄ Quand reçoit-on l'annuaire téléphonique ?

Chaque année, la personne qui possède un téléphone, reçoit un bon pour avoir un nouvel annuaire. Avec ce bon, elle doit se rendre au bureau de poste où on le lui donnera.

Remarque : tous les annuaires téléphoniques ne paraissent pas en même temps dans toute la France.

1 Nom de la localité (ville ou village).

2 Sur les pages au numéro pair, le premier nom commence par les trois lettres indiquées. Sur les pages au numéro impair, le dernier nom commence par les trois lettres indiquées.

3 Les noms sont classés par ordre alphabétique.

4 Plusieurs personnes portent le même nom. Ce nom n'est pas répété mais remplacé par des guillemets.

5 Adresse de la personne ou de la société.

6 Profession de la personne, spécialité professionnelle de la société.

7 Les noms des professionnels sont souvent inscrits en lettres plus foncées et plus grandes que les noms des particuliers.

8 Numéro de téléphone de la personne ou de la société.

9 Numéro de la page de l'annuaire.

10 Le numéro de code postal de la localité est indiqué en début de liste.

11 Les numéros d'urgence sont également notés en début de liste.

RENSEIGNEMENTS DE L'ANNUAIRE

1

9 → **163** — **Montet (Le) / MAL** ← 2

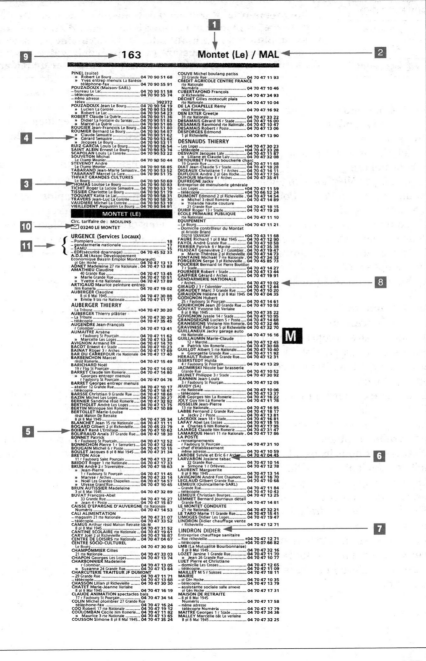

PINEL (suite)
» Robert Le Bourg 04 70 90 51 68
» Yves entrep menuis La Banèsie
téléphone-fax 04 70 90 55 91
POUZADOUX (Maison-SARL)
– bureau Le Lac........ 04 70 90 51 58
– télécopie........ 04 70 90 55 74
– même adresse
télex 392372
POUZADOUX Jean Le Bourg........ 04 70 90 54 19
» Lucien La Contrée 04 70 90 53 58
» Robert Le Lac 04 70 90 54 23
ROBERT Claude La Querle........ 04 70 90 51 36
» Didier La Fontaine du Sureau 04 70 90 51 83
» Marcel La Quèrie 04 70 90 51 86
ROUGIER Jean-François Le Bourg .. 04 70 90 51 80
ROUMIER Bernard Le Bourg 04 70 90 54 87
4 → » Claude Semautre 04 70 90 51 62
» Gérard Semautre 04 70 90 53 62
» Jacques Le Bourg 04 70 90 53 11
RUIZ GARCIA Louis Le Bourg........ 04 70 90 56 54
SAINT ALBIN Ernest Le Bourg 04 70 90 53 74
SCAPOLAN Louis La Contrée........ 04 70 90 52 22
SOUVETON Michel
Le Champ Meunier........ 04 70 90 50 44
STEVENOT André
Le Champ Meunier........ 04 70 90 56 85
TABARAND Jean-Marie Semautre.. 04 70 90 53 52
TABARANT Marcel La Gare........ 04 70 90 51 75
THIVAT GRANDES CULTURES
Le Bourg........ 04 70 90 50 69
3 → **THOMAS** Louise Le Bourg 04 70 90 50 83
TICHIT Roger La Luciole Semautre.... 04 70 90 53 10
TISSIER Charlotte Le Bourg 04 70 90 51 79
TOQUART Katia Le Lac........ 04 70 90 58 31
TRAVERS Jean-Luc La Contrée 04 70 90 58 30
VAUDIÈRE Michel La Contrée 04 70 90 53 19
VIEILLEDENT Augustin Le Bourg ... 04 70 90 54 91

MONTET (LE)

Circ. tarifaire de : **MOULINS**
10 → ✉ **03240 LE MONTET**

URGENCE (Services Locaux)
11 → – Pompiers 18
– gendarmerie nationale 17
– SAMU 15
– EDF(sécurité dpannage) 04 70 45 52 33
A.D.E.M (Assoc Développement Economique Bassin Emploi Montmarault)
pl Gén Hoche 04 70 47 13 13
ADNET Madeleine 27 rte Nationale . 04 70 47 13 89
AMATHIEU Claudine
40 Grande Rue 04 70 47 13 45
» Marie Grande Rue 04 70 47 10 51
» Yvette 4 rte Nationale........ 04 70 47 17 89
ARTIGAUD Maurice peinture entrep
hlm Romerie 04 70 47 19 02
AUBERGER Claudine
8 pl 8 Mai 1945........ 04 70 47 30 88
» Emile 9 bis rte Nationale........ 04 70 47 11 77

AUBERGER THIERRY
La Tribune .... •04 70 47 30 20
AUBERGER Thierry plâtrier
– La Tribune 04 70 47 30 20
– télécopie........ 04 70 47 35 45
AUGENDRE Jean-François
r Colombier........ 04 70 47 13 41
AUMAITRE Arsène
r Faubourg St Pourçain........ 04 70 47 11 62
» Marcelle Les Loges........ 04 70 47 13 34
AVIGNON Armand RN 04 70 47 14 70
BACOT Ernest 4 r Stade 04 70 47 10 23
BAINAT Roger 3 r Arches 04 70 47 17 69
BAR DU CARREFOUR rte Nationale 04 70 47 17 40
BARBENCHON Marcel
résid Romerie........ 04 70 47 15 49
BARICHARD Noël
19 r Fbg St Pourçain 04 70 47 14 02
BARRET Claude hlm Romerie........ 04 70 47 14 80
» Georges entrepr menuis
r Faubourg St Pourçain........ 04 70 47 04 76
BARRET Georges entrepr menuis
– atelier 12 Grande Rue........ 04 70 47 10 17
– télécopie........ 04 70 47 18 67
BARSSE Christian 9 Grande Rue 04 70 47 18 66
BAZIN Michel Les Loges 04 70 47 30 27
BERNIER Sandrine résid Romerie 04 70 47 32 92
BERTHOLET André Les Loges 04 70 47 13 75
BERTIN Monique hlm Romerie 04 70 47 10 89
BERTOLLET Marie-Louise
résid Maison De Retraite
8 pl 8 Mai 1945 .... 04 70 47 35 34
BLANCHET Jean 15 rte Nationale 04 70 47 11 11
BOGARD Gilbert 2 pl Richevieille..... 04 70 45 23 79
5 → **BOIRAT** René L'Ermitage........ 04 70 47 10 62
BOLIFRAUD Anaïs 37 Grande Rue... 04 70 47 18 30
BONNET Patrick
6 r Faubourg St Pourçain........ 04 70 47 12 52
BONNICHON Pierre 1 r Serruriers... 04 70 47 12 66
BOUGAIN Michel 6 r Poste........ 04 70 47 10 15
BOULET Jacques 8 pl 8 Mai 1945 .... 04 70 47 31 34
BRETON Alice
11 r Faubourg Saint Pourçain 04 70 47 13 27
BRIDOT Roger 1 rte Nationale........ 04 70 47 17 33
BRUN André 2 r Traversière........ 04 70 47 18 63
» Jean-Pierre
1 r Faubourg St Pourçain 04 70 47 11 45
» Maryse r Arches 04 70 47 33 14
» Noël Les Grandes Chapelles 04 70 47 14 57
» Ulysse Grand'Rue........ 04 70 47 10 45
BRUN AUTISSIER Madeleine
3 pl 8 Mai 1945 .... 04 70 47 32 89
BUVAT François-Abel
33 Grande Rue 04 70 47 16 27
» Jean 4 r Poste 04 70 47 15 87
CAISSE D'EPARGNE D'AUVERGNE rte Nationale
Numèris 04 70 47 14 53
CALI ALIMENTATION
– magasin 21 rte Nationale 04 70 47 31 07
– télécopie........ 04 70 47 33 52
CAMUS Arthur résid Maison Retraite bât M
8 pl 8 Mai 1945 .... 04 70 47 31 52
CANTINE SCOLAIRE rte Nationale .. 04 70 47 19 61
CARY Joël 2 pl Richevieille 04 70 47 18 87
CENTRE DE LOISIRS rte Nationale .. 04 70 47 04 67
CENTRE SOCIO-CULTUREL
Le Bourg........ 04 70 47 30 50
CHAMPOMMIER Gilles
21 rte Nationale........ 04 70 47 33 03
CHAPON Georges Les Loges........ 04 70 47 13 74
CHARBONNIER Madeleine
r Colombier........ 04 70 47 13 05
» Suzanne 24 Grande Rue........ 04 70 47 13 64
CHARCUTERIE TRAITEUR JF DUMONT
– 29 Grande Rue 04 70 47 11 71
– télécopie........ 04 70 47 13 68
CHASSON Lilian pl Richevieille 04 70 47 30 30
CHATET Marie-Jeanne Verlaine
8 pl 8 Mai 1945 .... 04 70 47 16 19
CLAUDE ANIMATION spectacles bals
17 r Faubourg St Pourçain 04 70 47 34 14
COLIN Michel plombier 27 Grande Rue
téléphone-fax 04 70 47 16 24
COQ Robert 17 rte Nationale 04 70 47 19 12
COULOMBAN Cécile hlm Romerie... 04 70 47 11 82
» Maurice 3 rte Nationale 04 70 47 13 65
COUSSON Simone 8 pl 8 Mai 1945.. 04 70 47 35 24

COUVE Michel boulang patiss
23 Grande Rue 04 70 47 11 93
CRÉDIT AGRICOLE CENTRE FRANCE
rte Nationale
Numèris 04 70 47 10 46
CUBERTAFOND François
pl Richevieille........ 04 70 47 34 93
DÉCHET Gilles motocult plais
rte Nationale........ 04 70 47 10 04
DE LA CHAPELLE Rémy
résid Romerie........ 04 70 47 16 92
DEN EXTER Greetje
31 rte Nationale........ 04 70 47 33 22
DÉSAMAIS Gérard 16 r Stade 04 70 47 16 00
DESAMAIS Raymond rte Nationale . 04 70 47 10 47
DÉSAMAIS Robert r Poste........ 04 70 47 13 06
DESFORGES Edmond
1 pl Richevieille 04 70 47 13 90

DESNAUDS THIERRY
– Les Loges .... •04 70 47 30 23
– télécopie .... •04 70 47 33 28
DÉSVAUX Jacques Laly 04 70 47 11 87
» Liliane et Claude Laly 04 70 47 32 08
DÉTOURBET Francis boucherie charc
19 Grande Rue 04 70 47 11 68
DIAT Jean-Claude 5 r Stade........ 04 70 47 18 28
DIGEAUX Christiane 1 r Arches 04 70 47 14 11
DUFLOUX André 2 pl Gén Hoche........ 04 70 47 17 56
DUFOUR Martine 8 r Arches 04 70 47 35 41
DUFREGNE Jacky
Entreprise de menuiserie générale
– Les Loges .... •04 70 47 11 59
– télécopie .... •04 70 66 52 24
DUMONT Edmond 2 pl Richevieille . 04 70 47 14 54
» Michel 3 résid Romerie 04 70 47 14 89
» Yolande haute couture
21 Grande Rue 04 70 47 18 15
DURIF Roger 13 r Stade........ 04 70 47 19 28
ECOLE PRIMAIRE PUBLIQUE
rte Nationale........ 04 70 47 11 10
EQUIPEMENT
– Le Bourg........ •04 70 47 11 21
– Domicile contrôleur du Montet
pl Aristide Briand
03210 SOUVIGNY .... •04 70 43 11 68
FAURE Richard 1 pl 8 Mai 1945 .... 04 70 47 12 90
FAYOL André Grande Rue 04 70 47 10 58
FERRIER Patrick 6 r Marché 04 70 47 35 38
FILIOZAT Geneviève 2 r Colombier . 04 70 47 19 47
» Marie-Thérèse 2 pl Richevieille 04 70 47 14 73
FONTAINE Michaël 7 rte Nationale . 04 70 47 34 32
FORGERON Serge 3 pl Richevieille .. 04 70 45 85 73
FOUCRIER Bernard lot Pierre Boutillon
7 r Stade........ 04 70 47 14 27
FOURNIER Robert r Stade 04 70 47 13 44
GAIFFIER Gérard r Arches 04 70 47 19 91
GENDARMERIE NATIONALE
r Arches,........ 04 70 47 10 02 ← 8
GIRAUD J 3 r Colombier........ 04 70 47 12 44
GIRAUDET Marc 3 Grande Rue 04 70 47 10 20
GIRAUDON Hélène 8 pl 8 Mai 1945 04 70 47 04 35
GODIGNON Hubert
25 r Faubourg St Pourçain 04 70 47 14 61
GOURICHON Jean 20 Grande Rue ... 04 70 47 10 92
GOUYAT Yvonne bât Verlaine
8 pl 8 Mai 1945 .... 04 70 47 35 22
GOVIGNON Jyssie 14 r Stade 04 70 47 10 95
GRANDSEIGNE Lucien 5 r Poste.... 04 70 47 14 68
GRANSEIGNE Viviane hlm Romerie. 04 70 47 32 46
GRAVINESE Fabrice 5 pl Richevieille 04 70 47 32 70
GUILLANEUX Jacky garage auto
rte Nationale........ 04 70 47 16 16
GUILLAUMIN Marie-Claude
12 r Marché........ 04 70 47 12 45
» Patrick hlm Romerie 04 70 47 30 68
GUILLOT Albert 5 rte Nationale........ 04 70 47 10 40
» Georgette Grande Rue 04 70 47 11 92
HERAULT Robert 35 Grande Rue..... 04 70 47 12 31
ISSERSTEDT Hulda
4 r Faubourg St Pourçain........ 04 70 47 13 29
JACIMIRSKI Nicole bar brasserie
Grande Rue 04 70 47 10 52
JAUNET Philippe 3 r Stade 04 70 47 30 92
JEANNIN Jean-Louis
3 r Faubourg St Pourçain........ 04 70 47 12 05
JEUDY (SA)
– rte Nationale 04 70 47 10 06
– télécopie........ 04 70 47 13 37
JOB Georges hlm La Romerie........ 04 70 47 16 22
JOLY Guy hlm La Romerie 04 70 47 11 78
JOSSELIN Jean-Pierre
13 rte Nationale........ 04 70 47 16 95
LABBE Fernand 2 Grande Rue........ 04 70 47 18 17
» Jacky 2 r Poste........ 04 70 47 13 81
LACROIX Jean 18 r Stade,........ 04 70 47 16 81
LAFAY Abel Les Cosses 04 70 47 15 15
» Charles 6 hlm Romerie........ 04 70 47 17 95
LAJARGE Claude hlm Romerie 04 70 47 31 47
LAMARQUE Henri 11 rte Nationale . 04 70 47 17 86
LA POSTE
– renseignements
r Faubourg St Pourçain 04 70 47 31 10
– chef d'établissement
même adresse........ 04 70 47 10 59
LAROBE Sylvie et Eric 6 r Arches.... 04 70 47 04 45 ← 6
LARVARON Josiane tabac
22 Grande Rue 04 70 47 10 14
» Simone 1 r Orfèvres........ 04 70 47 12 78
LAURENT Marguerite
8 pl 8 Mai 1945 .... 04 70 47 13 14
LAVIGNON André Font Chaumont.... 04 70 47 16 70
LEGLAUD Gilbert Grande Rue........ 04 70 47 10 68
LEMEUX (Quincaillerie-SARL)
– Grande Rue........ 04 70 47 11 84
– télécopie........ 04 70 47 10 43
LEMEUX Christian Bourges........ 04 70 47 13 25
LEMMET Bernard journaux détail
Grande Rue 04 70 47 14 81
LE MONTET CONDUITE
21 rte Nationale........ 04 70 47 32 21
LE TARO Marie 11 Grande Rue........ 04 70 47 15 41
LIMOGES Didier Les Loges........ 04 70 47 19 47
LINDRON Didier chauffage vente
r Richevieille 04 70 47 12 71

LINDRON DIDIER ← 7
Entreprise chauffage sanitaire
– Rue richevieille........ •04 70 47 12 71
– télécopie .... •04 70 07 66 82
LMB (La Mutualité Bourbonnaise)
8 pl 8 Mai 1945 .... 04 70 47 32 16
LOZET Janine 1 Grande Rue........ 04 70 47 11 70
» Jean 26 Grande Rue........ 04 70 47 10 77
LUET Pierre et Christiane
– domicile Les Cosses........ 04 70 47 12 65
– télécopie........ 04 70 47 11 09
MAILLET M 5 r Suisses 04 70 47 18 11
MAIRIE
– pl Gén Hoche........ 04 70 47 10 35
– télécopie........ 04 70 47 13 79
– assistante sociale salle annexe
pl Gén Hoche 04 70 47 17 31
MAISON DE RETRAITE
– 8 pl 8 Mai 1945
Numèris 04 70 47 17 58
– même adresse
télécopie Numèris 04 70 47 17 79
MAITRE Georges 1 r Stade........ 04 70 47 34 36
MALLEY Marcelle bât Le verlaine
8 pl 8 Mai 1945 .... 04 70 47 32 25

M

FAMILLE
TRAVAIL
ADMINISTRATION
LOGEMENT
TRANSPORT
VIE PRATIQUE

Le télégramme

L'éloignement ou l'urgence peut amener à transmettre un message le plus rapidement possible à l'occasion d'un événement heureux, malheureux ou inattendu. Le télégramme vous permet de vous associer à l'événement ou de prévenir votre destinataire. Il y a différentes façons de procéder pour envoyer un télégramme.

Comment envoyer un télégramme ?

Vous pouvez :

☐ aller dans un bureau de poste et remplir un formulaire ;

☐ dicter par téléphone un télégramme que vous voulez envoyer. Pour cela, il faut appeler le 36 55 ;

☐ donner le formulaire complété au facteur si vous habitez à la campagne.

☐ transmettre un télégramme par Minitel en composant le 36 56 ;

☐ envoyer un télégramme par télex.

Comment écrire un télégramme ?

Il faut se faire comprendre en utilisant le moins de mots possible (car plus le télégramme est long, plus il coûte cher). On pense donc :

☐ à écrire d'abord sur un brouillon ce que l'on veut dire ;

☐ puis à enlever tous les mots qui ne sont pas vraiment utiles.

Exemple : « nous irons à la fin du mois de juillet » devient « irons fin juillet » ;

☐ ou à remplacer des groupes de mots par un seul mot qui veut dire la même chose.

Exemple : « je voudrais le vendre 600 F » devient « Prix 600 F » ;

☐ à recopier ensuite le texte sur le formulaire en écrivant une lettre majuscule par case et en laissant une case vide entre chaque mot.

1 On utilise les lettres majuscules (capitales) et on laisse une case vide entre chaque mot.
L'adresse du destinataire est gratuite.

2 - « Urgent » : le télégramme est envoyé et remis le plus rapidement possible ;
- « Illustré » : le bureau de poste peut vous proposer des télégrammes décorés si vous écrivez à une personne pour des fiançailles, un mariage, une naissance, un baptême, un anniversaire, etc ;
- « Remettre le... » : vous pouvez déposer votre télégramme 10 jours avant la date à laquelle vous voulez que le destinataire le reçoive.

3 Tous les mots sont écrits en lettres majuscules (capitales). Une case vide sépare chaque mot.

4 On n'est pas obligé de signer un télégramme. La signature compte pour un mot.

5 Nom, prénom et adresse complète de la personne qui envoie le télégramme. Cette adresse n'est pas donnée à la personne à laquelle vous écrivez.

N° 698 TÉLÉGRAMME

Étiquettes

Ligne de numérotation

ZCZC

N° télégraphique

Ligne pilote

Taxe principale	
Taxes accessoires	
Total	

Timbre à date

N° d'appel : ....

INDICATIONS DE TRANSMISSION

N° de la ligne du P.V. : ....

Bureau de destination   Code Postal ou Pays

| Bureau d'origine | Mots | Date | Heure | Mentions de service |

Services spéciaux demandés :
(voir au verso)

Inscrire en **CAPITALES** l'adresse complète (rue, n° bloc, bâtiment, escalier, etc.), le texte et la signature (une lettre par case ; **laisser une case blanche entre les mots**). — **1**

2 →

Pour accélérer la remise des télégrammes indiquer le numéro de télé-phone (1) ou de telex (3) du destinataire

TF _____ TLX _____

Nom et adresse   S A R A S I N
L U C   6   R U E

3 →

B E R L I O Z   4 6 5 0 0   G R A M A T

TEXTE et éventuellement signature très lisible

A R R I V E R A I   S A M E D I   G A R E   P E R I G U E U X
1 7 H 3 0   T ' A T T E N D R A I   A U   C A F É
M A R C

Pour avis en cas de non-remise, indiquer le nom et l'adresse de l'expéditeur (2)

COUTURIER   Marc   18 rue des Bleuets   51200   EPERNAY

4 **5**

FAMILLE
TRAVAIL
ADMINISTRATION
LOGEMENT
TRANSPORT
VIE PRATIQUE

La lettre

Qu'elle soit administrative, commerciale ou privée, la lettre demeu-re un moyen de communiquer très utilisé de nos jours. Elle doit être lisible pour que le message soit bien compris. Si son contenu vous reste personnel, sa présentation suit certaines règles précises. Savoir la commencer et la terminer fait souvent gagner du temps.

▄▄▄ Comment commencer une lettre ?

Une lettre commence toujours par une for-mule de politesse (formule d'en-tête). Cette formule est une façon de saluer le destina-taire de la lettre.

On précise, dans la formule, la qualité de son correspondant.

À un ministre :
  Monsieur le ministre ou Madame le ministre.
À un député :
  Monsieur le député ou Madame le député.
Au préfet :
  Monsieur le préfet.
Au maire :
  Monsieur le maire.
À un colonel ou un lieutenant-colonel :
  Mon colonel (de la part d'un homme) / Colonel (de la part d'une femme).
À un évêque ou un archevêque :
  Monseigneur ou Excellence.
À un notaire, un avocat ou un huissier :
  Maître.
À un proviseur :
  Monsieur le proviseur.
À un médecin :
  Docteur ou Cher Docteur.
À un collègue de travail :
  Cher Collègue.
Au directeur du personnel :
  Monsieur le directeur.
À un ou une amie proche :
  Cher Jean ou Mon Cher Jean/
  Chère Florence ou Ma Chère Florence.

▄▄▄ Comment conclure une lettre ?

On termine une lettre par une formule de politesse qui reprend toujours les mots uti-lisés dans la formule d'en-tête.

À un ministre :
  Veuillez agréer, Monsieur (ou Madame) le ministre, l'expression de ma très haute considération.
À un maire :
  Veuillez agréer, Monsieur le maire, l'expression de ma considération distinguée.
À un colonel :
  Je vous prie de croire, (Mon) Colonel, à l'expression de mes salutations distinguées.
À un évêque :
  Je vous prie de croire, Monseigneur, à l'assurance de mes sentiments respectueux et dévoués.
À un notaire, un avocat ou un huissier :
  Je vous prie de croire, Maître, à l'expression de mes sentiments distingués.
À un magistrat :
  Veuillez agréer, Monsieur le juge, l'expression de mes sentiments respectueux.
À un directeur d'école :
  Veuillez croire, Monsieur le directeur, à l'assurance de mes salutations distinguées.
À un ami éloigné :
  Croyez bien, Cher Monsieur et ami, à mes plus amicales pensées.
À un ami proche, à la famille :
  Fidèlement à toi, ou
  Bien amicalement à vous, ou
  Affectueuses pensées, etc.

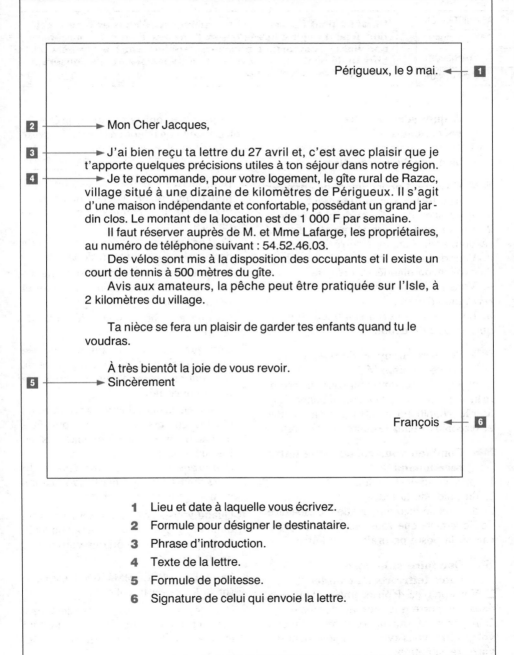

Périgueux, le 9 mai. ← **1**

2 → Mon Cher Jacques,

3 → J'ai bien reçu ta lettre du 27 avril et, c'est avec plaisir que je t'apporte quelques précisions utiles à ton séjour dans notre région.

4 → Je te recommande, pour votre logement, le gîte rural de Razac, village situé à une dizaine de kilomètres de Périgueux. Il s'agit d'une maison indépendante et confortable, possédant un grand jardin clos. Le montant de la location est de 1 000 F par semaine.

Il faut réserver auprès de M. et Mme Lafarge, les propriétaires, au numéro de téléphone suivant : 54.52.46.03.

Des vélos sont mis à la disposition des occupants et il existe un court de tennis à 500 mètres du gîte.

Avis aux amateurs, la pêche peut être pratiquée sur l'Isle, à 2 kilomètres du village.

Ta nièce se fera un plaisir de garder tes enfants quand tu le voudras.

À très bientôt la joie de vous revoir.

5 → Sincèrement

François ← **6**

1 Lieu et date à laquelle vous écrivez.
2 Formule pour désigner le destinataire.
3 Phrase d'introduction.
4 Texte de la lettre.
5 Formule de politesse.
6 Signature de celui qui envoie la lettre.

FAMILLE
TRAVAIL
ADMINISTRATION
LOGEMENT
TRANSPORT
VIE PRATIQUE

La lettre recommandée

Un objet peut être envoyé en recommandé sans avis de réception. Il peut s'agir d'une lettre ou d'un colis. Pour cette opération, une liasse comportant plusieurs feuillets vous est remise au bureau de poste. La preuve de dépôt vous permet de conserver une trace de votre envoi.

À quoi sert la lettre recommandée ?

La lettre recommandée prouve que vous avez bien envoyé votre lettre.

Comment procéder pour envoyer une lettre recommandée ?

1. Vous allez dans un bureau de poste ;
2. Vous remplissez un formulaire d'envoi recommandé sans avis de réception ;
3. Vous donnez votre lettre et le formulaire d'envoi recommandé au préposé ;
4. Vous payez le montant de la taxe de recommandation ;
5. Le préposé vous remet immédiatement une preuve de dépôt.

Peut-on envoyer d'autres objets en recommandé ?

Il est possible d'envoyer un colis en recommandé. Dans ce cas, il est recommandé d'utiliser les conditionnements prévus à cet effet et disponibles dans les bureaux de poste.

Combien vous coûtera une lettre recommandée ?

Le prix varie en fonction :
☐ du poids de la lettre ;
☐ du taux de recommandation, c'est-à-dire de l'indemnité que vous désirez recevoir au cas où la poste perdrait votre lettre.

Que faire si la poste perd votre lettre recommandée ?

☐ Vous pouvez déposer une réclamation dans n'importe quel bureau de poste.
☐ À partir du jour où vous avez envoyé votre lettre, vous avez un an pour déposer votre réclamation.

☐ Vous devez obligatoirement présenter votre preuve de dépôt au bureau de poste où vous faites votre réclamation.

---

1 Nom (écrit en lettres majuscules), prénom et adresse de la personne qui recevra la lettre recommandée (le destinataire).

2 Cochez l'une des trois cases en fonction de la valeur du contenu de la lettre.

3 Le tarif n'est pas le même pour une lettre recommandée ou un paquet recommandé.

4 Chaque avis porte une référence différente.

5 Dès que la lettre recommandée est remise à son destinataire, la preuve de distribution est archivée au bureau de poste concerné.

6 Lorsque le facteur doit vous remettre un objet recommandé et que vous êtes absent, il laisse dans votre boîte aux lettres un avis de passage.
Remarque : vous avez un délai de 15 jours pour aller chercher l'envoi recommandé au bureau de poste.

7 Quand vous envoyez une lettre recommandée, le préposé vous remet un feuillet (la preuve de dépôt) que vous devez garder.

8 Le feuillet « RECOMMANDÉ » est collé sur la lettre ou le colis.

9 Nom (écrit en lettres majuscules), prénom et adresse de la personne qui envoie la lettre recommandée (l'expéditeur).

4 **2** **1** **3**

LA POSTE
FRANCE

ENVOI D'UN OBJET RECOMMANDÉ
SANS AVIS DE RÉCEPTION

RB 3791 3773 0FR

RB 3791 3773 0FR

TAUX DE RECOMMANDATION R1☐ R2☐ R3☐
Cadre réservé au service

DESTINATAIRE LETTRE☐ COLIS☐

Présentation le _____

Distribution le _____
Signature du destinataire :

EXPÉDITEUR

Date	Prix	Contre-Remboursement	Nature de l'objet

RCS PARIS B 356 000 000

UTILISER UN STYLO À BILLE / APPUYER FORTEMENT

PREUVE DE DISTRIBUTION

AVIS DE PASSAGE

PREUVE DE DÉPÔT

RECOMMANDÉ

9 **5** **6** **7** **8**

LA POSTE

RB 5550 7717 5FR

PREUVE DE DÉPÔT
D'UN OBJET RECOMMANDÉ
SANS AVIS DE RÉCEPTION

TAUX DE RECOMMANDATION R1☐ R2☐ R3☐ ETR☐

DESTINATAIRE LETTRE☐ COLIS☐

CONSERVEZ CE FEUILLET, IL SERA
NÉCESSAIRE EN CAS DE RÉCLAMATION.

LE CAS ÉCHÉANT, VOUS POUVEZ FAIRE
UNE RÉCLAMATION DANS N'IMPORTE QUEL
BUREAU DE POSTE.

Date	Prix	Contre-Remboursement	Nature de l'objet

PREUVE DE DÉPÔT

FAMILLE
TRAVAIL
ADMINISTRATION
LOGEMENT
TRANSPORT
VIE PRATIQUE

La lettre recommandée avec avis de réception

L'envoi avec avis de réception est une possibilité offerte par la poste pour faire parvenir un objet (lettre ou colis) à un correspondant. En vous renvoyant l'avis de réception, celui-ci apporte la preuve qu'il a bien reçu votre envoi.

■ À quoi sert la lettre recommandée avec avis de réception ?

La lettre recommandée avec avis de réception prouve que la lettre que vous avez envoyée a bien été reçue par la personne à laquelle vous avez écrit : le destinataire.

■ Comment procéder pour envoyer une lettre recommandée avec avis de réception ?

1. Vous allez dans un bureau de poste avec votre lettre.
2. Vous remplissez en une seule fois, avec un stylo bille et en appuyant fortement, un formulaire jaune et bleu qui comprend cinq feuilles (la preuve de distribution ; l'avis de passage ; la preuve de dépôt ; l'avis de réception ; la souche cartonnée).
3. Vous donnez la lettre et le formulaire que vous venez de remplir au préposé.
4. Vous payez le montant de la taxe de recommandation.
5. Le préposé vous remet aussitôt « la preuve de dépôt » que vous devez impérativement conserver. On vous la demandera en cas de réclamation.

■ Remarques

La personne qui doit recevoir la lettre datera et signera la preuve de distribution et l'avis de réception. Cet avis de réception vous sera renvoyé. Vous devez le conserver ; il est la preuve que la personne à laquelle vous avez écrit a bien reçu votre lettre. Si la personne qui doit recevoir votre lettre est absente, le facteur lui laissera un avis de passage.

1 Il y a trois taux de recommandation pour la France (R1, R2, R3) en fonction de la valeur du contenu du paquet.

2 Cochez la case lettre, si vous envoyez une lettre, ou la case colis si vous envoyez un colis.

3 Dans ce cadre écrire lisiblement :
- le nom et le prénom de la personne ou le nom de la société à qui vous écrivez (le destinataire) ;
- le numéro de l'habitation et le nom de la rue du destinataire ;
- le code postal suivi de la ville dans laquelle habite le destinataire.

4 Dans ce cadre écrire lisiblement :
- votre nom et votre prénom ;
- votre numéro d'habitation et le nom de la rue dans laquelle vous habitez ;
- le code postal suivi du nom de la ville dans laquelle vous habitez.

5 Vous ne devez rien écrire dans ce cadre.

6 Lorsque le facteur doit vous remettre un objet recommandé et que vous êtes absent, il laisse dans votre boîte aux lettres un avis de passage.
Remarque : vous avez un délai de 15 jours pour aller chercher l'envoi recommandé au bureau de poste.

FORMULAIRE D'ENVOI ET AVIS DE RÉCEPTION

Formulaire d'envoi
avec avis de réception

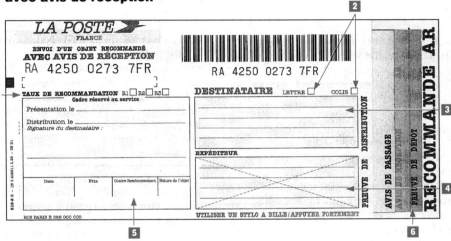

Avis de réception
de votre envoi recommandé

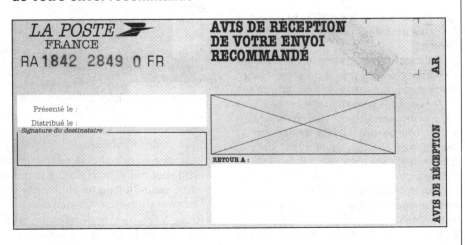

FAMILLE
TRAVAIL
ADMINISTRATION
LOGEMENT
TRANSPORT
VIE PRATIQUE

Le mandat postal

Certaines factures comme celles du téléphone, de la redevance télévision ou encore les assurances, peuvent être payées directement au bureau de vote. Le mandat postal est un formulaire qui offre cette possibilité de règlement. D'une utilisation simple, il convient cependant de respecter certaines règles.

■ À quoi sert un mandat postal ?

Un mandat postal sert à verser une certaine somme d'argent à une autre personne.
C'est l'administration de la Poste qui se charge de faire ce versement.

■ Comment procéder pour envoyer un mandat postal ?

1. Se rendre dans un bureau de poste.
2. Remplir le bon formulaire.
3. Donner au préposé la somme d'argent en espèces que l'on peut envoyer.
4. Payer la taxe pour le service que vous rend La Poste.
5. Garder le récépissé que le préposé vous remet.

■ Quelles sont les différentes sortes des mandats postaux ?

Il existe :

☐ le mandat compte : l'argent est versé sur le compte-chèques postal du bénéficiaire :
Remarque : pour verser de l'argent sur son propre compte-chèques postal, on utilise un autre formulaire. Dans ce cas, ce service est gratuit (ou payant si l'on désire que la somme soit ajoutée au montant de son compte dans la journée) ;

☐ le mandat cash : vous effectuez un versement en espèces dans un bureau de poste et vous envoyez au bénéficiaire le titre qui lui est destiné ;

☐ le mandat-cash urgent : c'est un moyen plus rapide que les autres mandats pour envoyer des fonds ;

☐ le mandat international : il est réservé à la transmission de fonds vers l'étranger.

■ Qu'est-ce qu'un titre universel de paiement ?

Le titre universel de paiement est réservé aux titulaires de comptes-chèques. Après avoir complété le TUP, le titulaire du compte appose sa signature et transmet le TUP à son centre de chèques postaux s'il est détenteur d'un CPP ou à l'organisme créditeur s'il est en possession d'un compte bancaire.

---

1 Vous avez le choix entre :
- le mandat compte ordinaire : la somme sera sur le compte au plus tôt le lendemain ;
- le mandat compte urgent : la somme sera sur le compte le jour même (sous certaines conditions). Vous paierez alors une commission d'urgence à la Poste en plus de la taxe habituelle.

2 Somme en chiffres.

3 Somme en lettres.

4 Nom et adresse de la personne qui envoie le mandat (l'expéditeur).

5 Nom et adresse de la personne qui recevra l'argent du mandat (le bénéficiaire).

6 Le compte du bénéficiaire se trouve au centre de chèques postaux indiqué.

7 Numéro de CCP du bénéficiaire.

8 Les références qui concernent le paiement sont inscrites ici. Il faut écrire une lettre majuscule ou un chiffre par case. Une case vide sépare chaque mot.

9 Grâce à ce volet, le bénéficiaire pourra aller retirer le montant du mandat cash dans n'importe quel bureau de poste, recevoir la somme en espèces à son domicile ou la faire verser sur son compte courant postal s'il en possède un.

2 **1**

4

8

LA POSTE
RCS NANTERRE - B 386 000 000

MANDAT COMPTE
VERSEMENT D'ESPÈCES SUR LE CCP D'UN TIERS

☒ ORDINAIRE
☐ URGENT
INFORMATIONS AU VERSO

UTILISER UN STYLO À BILLE - APPUYER FORTEMENT

EXPÉDITEUR
M. FIRMIN Jean
nom, prénom
8 rue du Moulin
adresse
87 000 LIMOGES

MONTANT
1140 F 60
en chiffres
mille cent quarante francs soixante
en lettres
centimes

3

CORRESPONDANCE
maximum 31 caractères
PAIEMENT FACT
URE N° 1646

BÉNÉFICIAIRE
M. BATAILLE André
nom, prénom ou raison sociale
10 rue des Hortensias 55000 VERDUN
8 2 3 6 1 4 5 B BAR-LE-DUC
N° de CCP *clé* *centre*

5

Nature	Numéro de Compte-Chèques	Montant	Droits	Total perçu	Date	Séquence

RÉCÉPISSÉ à garder par l'expéditeur

7 **6**

5 **9**

LA POSTE

MANDAT CASH

N'oubliez pas d'adresser ce volet au bénéficiaire

PAYEZ LA SOMME DE : *en chiffres* F

4

Somme en lettres :

UTILISER UN STYLO À BILLE - APPUYER FORTEMENT

EXPÉDITEUR : ☐ M. ☐ Mme ☐ Mlle ☐ Personne morale

Nom, prénom ou raison sociale

Adresse :

BÉNÉFICIAIRE : ☐ M. ☐ Mme ☐ Mlle ☐ Personne morale

Nom ou raison sociale en capitales

Prénom ou raison sociale
suite

☐ Attestation de paiement

N° Formule
11184 0968

cadre réservé au bénéficiaire
POUR VERSEMENT SUR VOTRE CCP
numéro *lettre* *centre*

N° D'IDENTIFICATION

Montant	Frais	Total perçu	Service	Date	Bureau	Série	Numéro	Clé	Code	Séquence

RCS NANTERRE B 356 000 000

SF 37

TITRE À REMETTRE À L'EXPÉDITEUR
SOUCHE À GARDER AU BUREAU
RÉCÉPISSÉ À GARDER PAR L'EXPÉDITEUR

157

FAMILLE

TRAVAIL

ADMINISTRATION

LOGEMENT

TRANSPORT

VIE PRATIQUE

Le Minitel

Le terminal Minitel permet d'appeler des services proposés par des fournisseurs de services. Ils informent, distraient ou évitent des déplacements. En connaissant le code d'accès, on peut ainsi consulter le service recherché. Parmi tous les services Minitel, le plus utilisé est l'annuaire électronique.

▬ Qu'est-ce qu'un Minitel ?

Un Minitel est un appareil composé d'un écran et d'un clavier. Cet ensemble forme un terminal d'ordinateur relié à des banques de données. Une banque de données est un puissant ordinateur contenant des millions d'informations.

▬ À quoi sert un Minitel ?

Le Minitel sert à obtenir des informations : horaires des trains, numéro de téléphone d'un abonné (annuaire électronique)... Il sert aussi à passer des commandes, à effectuer des opérations bancaires...

▬ Comment utiliser l'annuaire électronique ?

Si vous ne possédez pas de Minitel vous pouvez aller dans un bureau de poste.

1 Mettez le Minitel sous tension en appuyant sur la touche MARCHE/ ARRÊT. La lettre F s'affiche en haut, à droite de l'écran.

2 Décrochez le combiné et composez le 3611 sur le téléphone.

3 À la tonalité aiguë appuyez sur la touche CONNEXION/FIN. La lettre C s'affiche à la place du F.

4 Raccrochez le combiné.

5 Un formulaire apparaît alors sur l'écran. Un petit carré se positionne après le mot « nom ».

6 Si vous désirez rechercher le numéro de téléphone d'un abonné tapez son nom sur le clavier. Ensuite tapez deux fois sur la touche SUITE ; le petit carré blanc se positionne après le mot « localité ».

7 Si vous désirez rechercher des abonnés dans une rubrique (ex. médecins) vous tapez sur la touche SUITE ; le carré blanc se positionne après le mot « rubrique ». Vous tapez sur le clavier le nom de la rubrique qui vous intéresse. Ensuite tapez une fois sur la touche SUITE : le petit carré blanc se positionne après le mot « localité ».

8 Tapez alors sur le clavier le nom de la localité où habite l'abonné que vous recherchez. Vous avez alors deux possibilités :
- appuyez sur la touche ENVOI pour obtenir la réponse ;
- appuyez sur la touche SUITE et complétez la rubrique FACULTATIF. On complète cette rubrique quand plusieurs localités portent le même nom ou quand le nom de l'abonné est courant (ex. Dupont, Durant...). Ensuite tapez sur la touche ENVOI.

9 Quand vous avez obtenu le numéro de téléphone de l'abonné vous appuyez sur la touche CONNEXION/FIN. La lettre F s'affichera en haut et à droite de l'écran. Vous pouvez alors composer le numéro sans éteindre le Minitel.

OPÉRATIONS DE BASE DU MINITEL

1 Allumez votre Minitel à l'aide de l'interrupteur Marche-Arrêt.
La lettre F s'affiche peu après en haut à droite.

2 Décrochez le combiné téléphonique.

3 Composez le numéro d'appel permettant d'accéder au service Télétel.

4 Dès l'audition de la tonalité aiguë, appuyez sur CONNEXION/FIN.
La lettre C apparaît à la place de F.

5 Raccrochez le combiné téléphonique.

6 La première page-écran apparaît après quelques secondes.
Suivez les instructions de l'écran.

Document France Télécom

L'annuaire électronique est un service gratuit jusqu'à trois minutes d'utilisation. Après ce délai, vous payez une taxe de 0,37 F par minute.

Si vous ignorez l'orthographe exacte de l'abonné que vous recherchez, le Minitel vous donnera la liste des abonnés ayant une orthographe voisine quand vous aurez appuyé sur la touche ENVOI.

Si la rubrique que vous recherchez n'existe pas, le Minitel vous proposera la liste des rubriques quand vous aurez appuyé sur la touche ENVOI.

Désormais, le Minitel permet aussi de connaître le numéro de téléphone de nombreux abonnés de pays étrangers. ill suffit de faire le 36 17 code PAGESI. Ce service coûte 5,57 F la minute.

Comment appeler un autre service que l'annuaire ?

1. Vous procédez de la même façon que pour l'annuaire électronique mais au lieu de composer le 36 11, vous composez le 36 13, le 36 14, le 36 15... selon ce que vous recherchez.
2. Quand vous avez appuyé sur la touche CONNEXION/FIN, vous obtenez une page-écran. Le petit rectangle blanc est positionné après« code de service ». Sur le clavier vous tapez le nom du code du service et vous appuyez sur la touche ENVOI
3. Vous obtenez alors :

– soit l'nformation recherchée ;
– soit une page-écran comportant un menu. Il faut alors suivre les instructions en bas de l'écran pour choisir dans le menu.

4. Remarques

Attention ces autres services ne sont pas gratuits ; ils peuvent même couter très cher. Leur prix dépend du temps de consultation. La liste des numéros et des codes de service est donnée par les entreprises, dans la publicité, et figure dans les pages minitel (répertoire des codes et services vendu par La Poste).

Remerciements à : Jean-Marie Baheux -
Luc Biencourt - Bernadette Bouchane - Christian Brugeaud -
Huberte Chouly - Jean-Christophe Joërg - Jean-Baptiste de Maistre -
Xavier Mauratille - Jean Morisset - Geneviève Robisco
Coordination artistique : Danielle Capellazzi
Maquette : Studio Primart, Ulrich Meyer
Maquette de couverture : Favre - Lhaïk
Illustration de couverture : G. de Montrond - A. Vuarnesson
Photocomposition, Photogravure : Compo 2000 - Saint-Lô

N° d'Éditeur : 10049419 - **(IV)** - (18,5) - OSBN - 80° - Novembre 1998
Imprimerie **Jean-Lamour**, 54320 Maxéville - N° 98100089
Imprimé en France